LOCUS

LOCUS

catch

catch your eyes；catch your heart；catch your mind……

航海環球夢

DON'T CRUISE ALONE

花小錢也能享受郵輪生活環遊世界！

陳美筑————著

Contents

Don't Cruise Alone

Part 1　　　**航行的豐盛與美好：郵輪特寫揭密**

Part 2　　**不容錯過的精采：分段環球航線精選**

自序：
魔法大海

從小，我就是個叛逆的女孩。

我在台南靠近海岸的純樸小鎮長大，生活得無憂無慮；但小學一年級升二年級的暑假，家中發生了一件大事──我的雙親離異了。那對當時的我，是晴天霹靂的消息。保守的小鎮裡，離婚是很少見的個案。當時才八歲、敏感又好強的我，承受著來自各方的關心與壓力。我感覺天真無邪的童年結束了，面對外在環境的改變，只能武裝自己，強顏歡笑。

原本監護權屬於母親的我，趁去祖父母家拿東西的機會，跑到屋子角落，躲藏起來，不肯回到母親身邊。母親曾發誓過，不會再踏進那個曾經讓她傷心的大家庭。那是一個寒冷的冬天，她牽著摩托車不敢熄火，在寒風中苦等了近四個小時，才接受了我是故意不出來的事實。我的背叛，讓甫遭逢婚變的母親傷透了心。

父親在婚姻結束後遠走他鄉。靠著爺爺奶奶包容照顧，我在祖父母家和長兄、幼

妹，還有一群堂兄弟姐妹一同長大。少了父母緊迫盯人，我自由放任地度過國小時光。憑著一點小聰明，將學業成績維持不錯。上國中後，我彷彿全身長滿刺般，看一切都不順眼，總覺得全世界都對不起我。大家庭裡複雜的人際關係、編到後段班的挫敗、班級裡的霸凌與孤立，都讓我疲於應付。雖然已經不住在一起，母親卻是唯一還努力試著管教我的人——可惜我的剛硬脾氣，也完全遺傳自她，兩人的對話總是三言兩語就火爆收場。

有一次，在與母親口角後，我帶著新學期的註冊費離家出走。

走投無路的我，不知道該去哪邊。我獨自來到台南馬沙溝的海邊。靜靜的，就這樣坐在海灘上，看了一整天的海，盯著海天交接那藍色的地平線，翻滾出一片片的浪花，有時，畫面也會忽然模糊，混雜著淚水。14 歲的我，真的不明白人生為什麼有這麼多的苦。我幻想著：如果我是男兒身，我一定，我一定要當一個水手，浪跡天涯，四海為家。我幻想著：海的那一端，有一個截然不同的世界，那裡有一切新奇有趣的事物，而且，應該是充滿幸福快樂的。

也許海風吹走了我的煩悶，海水洗去了我的憂鬱，大海的魔法療癒了我的心。兩天後，我主動回家了。至今我仍不知道，當時是哪位老師幫我繳了註冊費，讓我不至於中途輟學，我真的非常感謝。過不久後，我主動決定，要搬回去和母親一起住——我要改變自己，回去過正常的人生。我開始努力讀書，在後段班吵鬧玩樂的上課教室中，一個人埋頭認真準備高中聯考，考上第二志願的高中，後來也順利大學畢業。

長大後的我，逐漸了解並且認同當初雙親決定分離的苦衷與掙扎。對於人間的情感與緣分之無法強求，我也早就已經釋懷——原來，當初雙親真的也盡了最大的努力。放手，其實是給彼此人生一個最好的禮物。

而我的人生，也回到正軌，升學，就業，走著典型台灣年輕人的生涯軌道。沒想到，多年後，命運竟用最巧妙的方式，幫我安排了一條不同的道路，將我帶回了海邊。

望著海與天的交界，海風吹走我的煩悶，海水洗去我的憂鬱，大海療癒了我的心。

2003 年秋天，當時我正做著一個夢，夢想照著 1873 年朱勒・凡爾納的《環遊世界 80 天》小說路線去環球旅行。

我在做計畫的時候，發現有一段路線很特別，就是小說主人翁佛格先生和僕人萬能，從歐洲義大利南端的布林底西上船，之後從地中海、穿越蘇伊士運河、紅海，經亞丁灣繞過阿拉伯半島，抵達印度……這一段就是自古以來連接東西方的「海上絲路」。在小說原著中，主人翁是搭大型客輪穿越。所以我在籌畫階段，也很想搭著船照著這個路線去走。然而，搜尋中外網頁，卻很少看到有客船走這條路線，只有載滿貨物的「貨櫃船」穿梭其中。

我每天在網路上搜尋再搜尋，記得看到第二十多頁網頁之後，有個路線圖吸引了我的目光，標題是「蘇伊士運河航線」。是的，幾乎一模一樣的路線，我找到了！

細看網頁，原來是台灣一家專營郵輪的旅行社——金科國際郵輪旅行社。我看到

網頁上寫著「我們的艦隊」，羅列出了至少十幾艘船的照片。心想，這家公司財力未免太雄厚了，擁有這麼多的船。那時候真的是不懂，其實台灣還沒有任何的旅行社擁有郵輪，因為一艘郵輪的造價大約需要百億台幣以上，台灣沒有集團來投入經營，所以銷售郵輪行程的旅行社都是代理的角色。

網頁上「蘇伊士運河航線」價格遠超過我的預算。我想，如果可以在上面找一份工作，我很能吃苦耐勞，端盤子掃地我都願意做。也許能交換到跟著船走這一段旅程，或是減免船費，那麼我的夢想是否就能實現？這個想法讓我燃起一線希望。

當時這趟環球行，我沒有充裕的預算，只有一個熱切燃燒的夢想。當時的我，真心希望能夠找到贊助，即便是一點點幫助，也讓我朝向夢想更邁進一步。

我為什麼有這樣異想天開的想法，認為可以談贊助呢？主要是因為當時我的工作背景，是做行銷公關工作。因行銷預算有限，常常需要寫企畫案，整合不同資源辦活動。加上之前在入口網站工作的時期，服務過很多廣告主客戶。所以當我有這夢想時，就想到，是否有可能，也許百分之一的機會，我可以結合客戶相關議題的產品，幫忙宣傳？我透過認識的管道遞出案子，希望尋求贊助，果然很多人找我去談。我都滿懷希望地去簡報我的計畫，但結果總是石沉大海。後來有些人跟我坦承，其實找你來只是想看看，到底誰要做這麼瘋狂的事情，要贊助金錢是不可能的，因為我只是一個「nobody（無足輕重的小人物）」。

旅行社網頁上，放著老闆柯鐙鏗董事長的照片，照片中他滿臉微笑，看起來應該是個好人吧。

我猶豫地拿起電話，鼓起勇氣，撥了一通電話，給一個完全陌生的人。
「你好，我是某某公司的陳小姐，我有一個計畫想跟貴公司合作。」我有點緊張地說。我知道用個人的身分，還沒開始就會被拒絕，所以把當時在朋友公司幫忙接案的身分抬出來。
「好啊，你先把企畫案傳過來，我看一下再回覆你。」柯董事長說。
標準的回答，我心裡已非常清楚：只要一把案子傳過去，結局一定是石沉大海。

「不好意思，這個案子還在保密的階段。可不可以給我十分鐘，對您做個簡報？如果聽完您不感興趣，也沒關係，還是很謝謝您的時間。」我急中生智說。

「好吧！那你明天過來。」柯董事長說。

Yes！我得到了見面機會。也許對方因為好奇，所以給了我那十分鐘。我準備了一份心目中全世界最完美的企畫案，大意是環遊世界 80 天，故事是怎麼樣發展，旅途中經過的海上絲路是如何特別，又具有歷史意義……最後切入重點，如果可以有機會讓我們在這艘船上工作的話，我回來後可以透過各種方式，例如投稿報章媒體，來幫貴公司宣傳這麼棒的產品。

柯董聽完以後呆了幾秒鐘，因為他沒想到是這樣的計畫，看到一個不滿 30 歲的女生跑來，講了一個這樣的冒險計畫，但又覺得滿有趣。

他吐出了四個字評語：「人小鬼大。」

「不然，你不要走那個環遊世界，來走我們公司的旅遊好了，我們是郵輪的環遊世界，要 120 天。」他提議。

「請問要花費多少錢？」我問。

「大約要一百多萬。」柯董回答。

「很抱歉，我真的沒有一百多萬。」我心想：不然我怎會在這兒呢？

後來柯董幫我查了「蘇伊士運河」航線，一年只有固定兩次機會，一次是 3-4 月從亞洲到歐洲，反向的航線則是 10-11 月，和我的環球路線都搭配不起來。他不是船東，所以也愛莫能助。之後柯董就對我說了很多勉勵的話，也不斷提醒我要注意安全。後來我和妹妹美倫就照原訂計畫出發環球了，只是海上絲路那段還是用飛機跳點方式銜接。

那年稍後，我找到了飛狼露營用品公司、宏碁電腦和 Nike 贊助物資用品，再加上身邊好友組成夢想互助團體，終於順利圓夢。我和妹妹用背包客的方式進行「環遊世界 80 天」重訪名著之旅，跨出探索世界的第一步；在 2004 年順利圓夢返回，回國後將旅程整理妥當，由大塊文化出書。此外我自發性的成立一個環遊世界俱

樂部的社群，透過成員輪流分享的方式，我們無償地辦了三十幾場講座。我還在十年間演講超過 700 場，在社區大學開課分享環球旅行的各種知識，後來真的影響許多人出發去環球旅行。

也就在出書的時候，我想起柯董這位老闆，當初講了很多勉勵的話。出於感恩心情，我去拜訪他，也贈送了一本書給他。沒想到因緣際會，開啟機會之門。

我 2003 年去拜訪他時，剛好他在台灣率先引進環遊世界郵輪（world cruise），就是搭郵輪一口氣環遊世界 120 天。據說當時花了很多的預算，在報紙與旅展登廣告，行銷環遊世界郵輪產品。聽說至少接到了上千通的詢問電話——猜猜看最後有幾位能成行？答案是僅僅有兩個人，是一對夫妻。但他們不諳英語，也不可能派領隊服務兩人，成本太高，最後不了了之。

這證明了一件事情：台灣有環遊世界夢想的人很多，但有時間的人很少，可以接受用郵輪去走的人更少。此外，我想台灣的社會氛圍，也非常重視別人的想法。要離開一百多天，怕身邊親友會想：難道中樂透了嗎？怎麼可以「過得這麼爽」？不努力賺錢、不顧家庭等種種的聲音都會出來，大多數人永遠在想，但從不行動。甚至退休族儘管有財力，可能也沒有勇氣一口氣離開家那麼久，有人擔心身體不好、有人怕語言不通、有人要照顧長輩、有人要帶孫子，總歸就是一句話：「放不下啊！」

時間是關鍵，後來柯董就變通，將此產品分成六段，每年大約 20 天左右郵輪航程，很多人就可以撥出時間。分段的計畫大受歡迎，第一年北大西洋航線，第二年巴拿馬航線，第三年歐洲首都全覽航線，人數都超過百人以上。

2004 年我再度拜訪他時，剛好是分段計畫要進入第三年，參加人數不斷成長。我再次跟他提案，後來他真的贊助我上船去工作，讓我參加了 2005 年歐洲首都全覽航線、2006 年巴拿馬航線、2007 年亞洲郵輪單車之旅。我當時並不是上船去當領隊帶團，當然也不是端盤子掃地，而是去採訪。每一趟回來，由我主動整

理旅途經驗，投稿到報章媒體。當旅遊自由撰稿者，正是我當時最希望做的事情之一。出發前柯董也再三強調，我不需要刻意去美化它，就照我的眼光去看，郵輪到底是怎麼一回事，好壞全部都可以寫。

鼓勵人跨出去環遊世界，也是我真心認同的事。我發揮以前在旅遊網站與飯店當行銷主管的專業，低價協助金科旅行社做公關的宣傳。包括發新聞稿，開記者會等。這部分對我並不困難。2005 年出發時，我曾經協助吸引當時高達九家電視媒體，用超過百秒以上的專題，來報導郵輪分段環球的概念。

就這樣，我幸運獲得三次免費的長程郵輪採訪機會，讓我從 2005 年開始，踏上了「分段航海環遊世界」這樣特殊的旅程。這也改變了我後來的人生。

我從原本不了解，到後來自己也多次自費航海，還帶家人朋友同行，更多次為各家旅行社帶團。這本書，記錄了我 12 年期間，累積在海上超過 300 天，一百多個港口的探索經驗。

這 12 年期間，我的身分也同時從單身、結婚、懷孕，到成為一對雙胞胎兒子的母親。在船上的體驗，也經歷了單身旅行者、家族旅行、採訪、帶團、社大老師、旅行社包船總領隊等各種角色。我在人生的責任與旅行夢想中，努力平衡，每一段旅行我都有真實的看見與感動。我喜歡郵輪，是因為它是一種不斷提醒自己，人生本來就該是豐盛的旅行方式：人本來就該活得精采，發光發熱；人生本來就該活在當下，並且勇敢航向未知。我的郵輪航海功課，教導我放慢腳步，照顧好自己、滋養自己，才能愛護別人。我漸漸接受和喜愛現在的自己，欣賞自己，感謝自己曾經做過的每一件事情。

我在海上也經歷各種成長，包括了人生中重要的時刻。學習與自己獨處，看清大受歡迎只是一種虛榮的幻象，一旦釐清生命中最重要的事物是什麼，幸福就來到了。而幸福的旅行，只有跟自己重要的人分享才有意義……我曾經歷帶團時旅行社倒閉，看到想努力救到最後一分鐘的旅行社老闆柯董，體會人生的無常……我相信生命中真的有奇蹟，在世界盡頭的烏蘇懷亞，對未出生的雙胞胎，許下願望，

期許他們未來也成為勇敢的人……

彷彿有魔法一般，這片大海教導我各種人生功課，指引我成長，也一再療癒了我的心。一如對當年那個叛逆的我。不管面對再大的掙扎，只要看海一個下午，自然而然地，心，就平靜了。

不變的是，每一次我只要回到海上，總有一種熟悉的感覺，那是綜合了興奮與冒險，遼闊與平靜，難以言喻的幸福感。我一直不知道我為何這麼熱愛航海，但直至今日回頭一看，才發現：啊！原來 14 歲時許下的水手夢，竟透過這種方式，奇蹟似的實現了。

我渴望旅行遠方的冒險，我也渴望靠岸的幸福人生。航海人生，是我做過，最最有趣也最奇特的一場夢。

遼闊的大海似乎有著魔法，總是能讓我心靈平靜。

Don't
Cruise Alone | Part1

航行的豐盛與美好：郵輪特寫揭密

郵輪是一個容器

郵輪是能夠讓我放慢下來的旅行方式。
航海給我一種心靈的餘裕感,緩慢且療癒。

郵輪是洗心好容器。面對大海,不妨細細篩選,慢慢品味。

旅行這件事情,並不只是在於探索景點,也是在於一次一次的自我探索。我發現我這個人,不管旅行和工作,好像永遠都在自我突破,挑戰極限。

「Never try, never know. 沒試過,怎知道。」是我的信條。旁人看我很敢衝,但有時我也覺得,我未免把自己逼得太緊了些!什麼時候才能夠放自己一馬?就連自己去旅行,我也總是很容易在還沒有意識到之前,就把一切排得太滿。

郵輪相當程度調和了我這個部分,是能夠讓我放慢下來的旅行方式。航海使我有一段時間固定抽離日常,給我一種心靈的餘裕感,緩慢且療癒。

我覺得郵輪是一個容器。

早期搭郵輪，我還保有自助旅行習慣：除了靠岸是我的大探險時間，甚至在船上，我也積極安排掌控，生怕錯過什麼似的，每個活動趕場去參加。從早忙到晚，玩得比工作還累。後來漸漸體會到，別貪心！應該放慢下來。每趟旅程都應該為自己保留一段時間，做一些真正喜歡但平常沒做的事情。對我來說可能是拿著一本自己喜歡的書，在泳池旁的躺椅上，海天一色下，靜靜地看到睡著。或是重拾畫畫的樂趣，將旅途的感受入畫。這些，讓我體驗到真正的放鬆，才是旅途中的奢侈品。郵輪，應該盛裝「慢活」。

日本人說，旅行，就是「洗心」。我在每趟長程航海之後，都有感覺到，被大海洗滌過的，一種清新感。讓我更有力量去面對工作上的挑戰以及日常生活的瑣碎。那是在生活中，同時扮演母親、妻子、女兒、媳婦、講師、產品人員、領隊、寫作者……各種角色，所不知不覺累積出來的種種壓力、挫折或焦慮，也許還夾雜一些自己都沒覺察到的負面情緒。我常在面對無盡大海時，在心中假想一個大動作──將煩惱統統拋向大海，只留下真正美好的部分。郵輪，應該盛裝「喜樂」。

後來我發現，航海體驗，還可以跟親密的家人或朋友分享。郵輪旅行有點黏又不太黏的特性，適合帶親友一起啟程。透過航海，創造家人間的回憶，深化朋友間的情誼，這也是我這階段熱中的事。郵輪，應該盛裝「關係」。

所以對我來說：郵輪是一個容器，早期承載夢想，和我的冒險，後來盛裝親情、友情、愛情。而每一段航程，有一個共同點，都是在尋找「幸福」。

而幸福的答案是什麼呢？我猜是從每一個小小的「選擇」開始吧！我選擇我所愛；我選擇正向思考；我選擇享受當下；我選擇自我療癒；我選擇原諒傷害我的人；我選擇航向未知；我選擇付出心力；我選擇堅定信仰；我選擇專注在光的那一面；我選擇向大海學習包容；我選擇將最重要的留給最愛的人。

所以，郵輪只是一個容器。端看你，細細篩選後，想在其中放入什麼。

第一次搭的郵輪決定未來

行為生物學有「銘印效應」的說法，
我覺得這理論，放在搭郵輪也同樣適用。

行為生物學上有一個「銘印效應」的說法：這是一種特殊的學習行為，在初生的敏感時期，環境的刺激會被長久植入個體行為中，之後看來就好像先天習得的一樣。翻成比較白話的解釋：就像小鴨剛破卵，會本能跟著第一個看到的生物或較大物體，把它當作母親跟著它，模仿並學習。

我覺得這理論，放在搭郵輪也同樣適用，一個人最早搭的郵輪，大概就能決定你未來搭郵輪的型態、偏好，甚至是會不會繼續搭郵輪。一開始搭某種品牌，也常常會反覆搭乘下去。

很幸運的，我的前兩趟郵輪，2005年歐洲首都全覽，及2006年巴拿馬運河航段，皆具備了幾個特性，也是讓我後來變成「郵輪上癮者」的主因。

首先，「地點夠好玩」。以我個人偏好，台灣人最愛的，臨近的國家日本等雖不錯，優美合宜，但總引不起我太多的熱情。世界神祕的角落，特殊景觀，奇風異俗，

才是讓我心跳加速，熱血沸騰的所在。

以我前兩趟航程為例：第一趟的歐洲首都之旅，從哥本哈根一路玩到羅馬，冷冽的北歐一路玩到熱情如火的南歐，15 天航程內經八國 11 城市，幾乎每天醒來都可玩一個全新國度，遍訪歐洲名城，是很好的入門選擇。而第二趟的巴拿馬航線，從溫哥華啟程到羅德岱堡，22 天航程途經九國 14 個港口，可以說是最輕鬆遊覽北美與中美多國的方式。

如果是一般的背包客行程，實在不可能每天醒過來，就換一個國家與城市。但搭郵輪，卻可輕鬆「無縫接軌」。我無法想像，如果這些地方，是要用傳統搭火車、飛機的方式旅行，光是旅途舟車勞頓，換旅館、找旅館、check-in 與 check-out，該會耗掉多少時間啊！且移動的過程，除了看窗外風景，或是跟團聽導遊講解，好像也不能做什麼。但搭船則不一樣，郵輪利用晚上時間開船，每天醒來就可以直接旅遊，且移動的時光完全不浪費，都能拿來享受各種設施與活動。選郵輪，可以大大降低旅遊規畫的難度，節省很多做功課的時間。

旅程精采且能無縫接軌，加上天數都是超過 15 天航程，夠時間慢慢體驗。

前面經驗，也讓我後來搭郵輪都很重視「選路線」。如果我一開始是選諸如「公海三天」、或是「沖繩四天」的郵輪航程，才剛上船沒多久，就得下船了；我會覺得郵輪不過就是吃喝賭博兼靠岸大血拼，如此而已，一定不會繼續下去。而有趣的是，身邊批評郵輪不好玩的朋友，很多數仔細一問，就只搭過一兩趟短程亞洲郵輪而已；而玩長程郵輪的人，常會變郵輪上癮者。

這也能夠解釋為什麼我至今搭了四趟「荷美航運」——因為「銘印效應」影響。

我一開始就習慣了荷美的品牌模式：中型船艦、歐風古典、較大的艙房面積和豐盛餐食，不太喧鬧的航海經驗。

我上船前並不清楚，荷美航運是銀髮族較多，我一開始的確有經過震撼期。但或

許我也有一個老人的靈魂吧！我後來還滿喜歡跟比我大的朋友相處，我從聊天過程中，聽到很多乘客精采的人生故事，獲得許多啟發。當然，因為船上通常年輕乘客較少，彼此間反而會建立特別深厚的情誼，例如我在巴拿馬航段認識了一對夫妻檔 Vince 和 Karen，如今還是保持聯絡。

另一個後來搭荷美的原因是「價錢」，雖然他們家定價通常較高，但仔細看停靠點常最多（如巴拿馬航線），而最後一分鐘的降價幅度，常會出現跌破眼鏡的低價，有興趣的人不妨留意官網「每週十大促銷（Top 10 Sailings）」：http://www.hollandamerica.com/

我後來也搭過其他船公司，每家郵輪公司實在都各有千秋，我已在本書一一忠實記錄下來。我也期待，未來能有機會嘗試更多品牌的郵輪。

建築反映了不同國家的風土環境，北國的哥本哈根有著尖尖的屋頂，南歐里斯本的紅色屋頂較低平。15 天旅程中輕輕鬆鬆看盡了不同的文化，十分有趣。

什麼地區該選郵輪

郵輪作為海洋交通工具，
特別適合臨海的、地形都是破碎群島的地區。

航向南極天堂灣。

郵輪作為海洋交通工具，特別適合臨海的、地形都是破碎群島的地區。這些地區搭飛機跳島很貴，且交通安排會太複雜，例如：加勒比海、地中海小島、南太平洋……選擇搭郵輪去，就解決了很多問題。每天醒過來，就可以輕鬆探索一個新地點。當然，反過來說，深入內陸這件事，例如：橫越西伯利亞、青藏高原、撒哈拉沙漠、瑞士、不丹、烏茲別克……這些地方，當然都不關郵輪的事。

地球有三分之二的面積是海洋，對於熱愛旅遊的人而言，郵輪最大的價值，即是可以在輕鬆不費力的前提之下，載你直搗世界盡頭許多精采的角落。其中許多是搭乘船隻比陸地交通更容易到達的，例如：南北極、赤道、亞馬遜雨林、黑海、挪威峽灣、西非、大溪地等。以「南美南極郵輪」為例，除了巡航南極半島看企鵝，更能夠在一次旅行中遊覽巴西、阿根廷、烏拉圭、智利、英屬福克蘭、巴塔哥尼亞冰河等地。而「北極郵輪」可遊覽挪威峽灣、北角、挪威冷岸群島的朗伊爾城等，這些都是搭郵輪可輕鬆深入的。甚至幾乎杳無人煙的地區，如西北航道，也有郵輪可深入。

以我的經驗來說，還有一些是因為航海，才會經過的地標。例如：直布羅陀海峽、巴拿馬運河、蘇伊士運河、紅海、墨西拿海峽、德瑞克海峽……這些原本很陌生，只出現在地理課本上的地名，能夠親臨現場，真的有增長見識，讀萬卷書不如行萬里路的感動。

還有一些地點，在台灣較少聽人提起，若不是因為郵輪，這輩子可能不會去造訪，但我搭郵輪去了，意外發現非常好玩，例如：烏拉圭的蒙特維多、西班牙的聖地牙哥、義大利的里佛諾、馬爾他的瓦萊塔、黑山的科托爾、哥倫比亞的卡塔赫那，還有大開曼島、南印度、斯里蘭卡等等。

而如果你是歷史迷，自然會對能夠重走麥哲倫航海環球之路、達爾文和小獵犬號、哥倫布發現新大陸、鄭和下西洋、馬可‧波羅歸鄉之路、達伽馬發現印度航線、庫克船長的環球航行、德瑞克船長的環球航行……這一類的航線，感到熱血沸騰。

這些，都是以傳統旅行方式較不易達成，但搭郵輪就可以很輕鬆造訪的。

世界末日的奇幻漂流

如何省錢又玩得精采,又不把自己累垮?
全家出遊時,郵輪是一種幾近完美的解決方案。

郵輪攝影師為一家人留下專業肖像照,記錄難得的美好時光。

每次陪著別人的母親出航時,看其他媽媽玩得開心,自己總有個缺憾,覺得總有一天一定要帶自己的母親出遊。

2012 年,我特別安排了一趟全家旅行,帶媽媽、婆婆、妹妹、舅舅、舅媽等,浩浩蕩蕩十人的家族旅行團,飛往新加坡,登上我熟悉的歌詩達維多利亞號,展開八天的星馬泰航程。

事實上,郵輪對全家人旅遊是一種幾近完美的解決方案。

以前背包客階段,強調極簡極省的窮遊,

買廉航，住青年旅館、自己煮三餐、出門盡量走路，再辛苦都能樂在其中，連迷路也充滿浪漫的樂趣。但是帶家人出門，不可能住青年旅館，旅程太累，長輩會走不動，小孩會哭給你看。萬一吃得不好，眾人臉色也會很難看，那時再多的浪漫情懷都救不了你。再加上，一家人出門，我們家含雙胞胎費用，至少要乘以四，甚至加上長輩就要乘以五或六，如何省錢又玩得精采，又不會把自己累垮，真是門大學問。

而郵輪幾乎解決了所有的問題。

一張船票包含什麼呢？對我而言，一張船票代表的是四星級旅館以上的住宿品質、所有城市間的移動交通（像是車票和機票）、客房送餐服務、客房打掃、旅遊諮詢、保母托育服務、游泳池與三溫暖、兒童滑水道、健身設施、飲料、一天吃六餐（從 buffet、英式下午茶到 à la carte 五道式晚宴）、魔術秀、豪華大型歌舞秀、鋼琴師、電影票、舞廳入場券、賭場設施、舞蹈課程等等各式活動。

這是看得見的部分。但其實還有看不見的附加價值，例如：省下的大量做功課時間、省下簽證費（有些港口因為搭郵輪免簽）、省下在異地尋找餐廳的時間與交通成本、省下擔心旅館未訂到的煩惱、省下扛行李轉換旅館的時間、安全友善的社交生活、免費英文或其他語言會話練習機會（船上每個人都很樂意跟你聊天）、耍帥扮靚的機會、遠離 3C 干擾……還有和家人或朋友深入相處的時間。

這些，你覺得一天會花多少錢呢？如果你的旅遊地點，剛好是在全球物價最高的歐美地區，可能吃個漢堡就要超過 500 台幣，搭趟跨國火車就要 3,000 台幣、住宿一晚至少每人 2,000 台幣。但北歐峽灣、英倫列島或波羅的海航線，促銷船票常低到 3,000 台幣 / 天以內，可將預算大大降低，放心吃喝，用「有省錢（台語）」的預算，過「五星級」的享受。

甚至，我近年來的心得是，如果你很會買船票，在世界上很多地區，以上各種服務可以用每人每天台幣 2,000 以內達成。這樣不管人數乘以四，甚至乘以六，我都可以接受（如何訂到便宜的郵輪票，請參閱本書附錄）。

所以真心覺得，郵輪特別適合全家出遊，當全家坐下來好整以暇吃一頓飯，你不用擔心，等等帳單上來，價格會不會破表，因為船票已包含所有餐費。也不用在廚房忙到胃口盡失，想吃什麼就點什麼，有人無微不至地服務。而真的好好跟你心愛的人或好友，享受美食，我覺得我是比較像回到一個「人」的狀態，不是做家事或照顧小孩的機器。在船上，不管吃什麼總伴隨有好心情。

再回來聊聊那次星馬泰八日航程。

事先只注意到這是聖誕節的航次，訂好船票之後，才想起這趟旅程，出發日竟然選在傳說中 2012 年 12 月 21 日，馬雅年曆中的世界末日。不過想想若真有世界末日，生命中最愛的人都在身邊，也沒啥好怕的。

航程中最有趣的部分，是在郵輪上過聖誕節。

聖誕節之前，船上行政主廚遵照傳統，用麵包和蠟，精心製作聖誕節的 Praesaepe（耶穌誕生場景布置。Prae 意為由現在開始，Saepe 代表一個有柵欄的地方）。12 月 24 號的航海日，船上還舉辦「Boss 蛋糕」活動，教大家如何裝飾聖誕蛋糕。每房還獲贈一顆聖誕大麵包 Pandoro，還有聖誕節禮拜。而「聖誕老人來了！」活動，讓船上每個小朋友都可以去跟聖誕老人領一份禮物。禮物是每人一個大桶子，裝了滿滿玩具與糖果。小朋友拿到都興奮無比。而且那個桶子，在之後的每站海灘都是玩沙的最好工具。

歌詩達郵輪為小朋友安排的聖誕節活動。

不過，那一趟我犯了個錯誤──把婆婆媽媽約在一起去旅遊。她們倆平時沒有相處，也沒有一起旅遊過。我上船前把婆婆媽媽排在一間房間，結果前一晚兩位長輩聊天到很晚，講了很多話，就種下一些因。婆婆是直爽的外省人，媽媽是含蓄的本省人，價值觀與表達方式很不同，兩人不小心有點誤會。結果老公護婆婆，我當然也護媽媽，兩邊意氣用事，整個過程宛如連續劇劇情，滿千鈞一髮的，差一點害雙胞胎變成單親家庭兒童。

還好同行有我舅舅和舅媽，他們出面去勸我媽，我妹也陪在媽媽旁邊，後來大家氣也漸漸消了，才化解了一場家庭危機。兩邊都是好人，彼此都沒有惡意，但結果卻是這樣。後來我就學到，要帶她們出去玩，應該要分開帶出去，不要在一起。

所以，郵輪雖然是最適合全家人出遊的方案，還是有需要注意的事情。

不過，後來找原因，也想到誰教我們要選擇「2012/12/21 馬雅世界末日」的時候去旅行呢？一定就是風水磁場不對啊！！！

郵輪需要玩玩玩

郵輪上樂趣多多，
越主動參與各種活動、不怕語言與文化隔閡，越能領受。

公主郵輪的氣球倒數派對。

網路上流傳著一個故事：一對老夫妻在金婚紀念日收到兒女送的郵輪頭等艙船票，生性節儉的他們開開心心上郵輪，對郵輪上各種活動讚嘆不已，不過由於擔心花費太高，只敢旁觀；他們每天聽著乘客們討論餐食如何豐盛、聞著船上餐廳飄出的食物香氣，但因為怕旅費超支，卻只吃帶來的泡麵度日。直到最後一晚，兩人狠下心到船上餐廳享受大餐犒賞自己，這才發現，原來他們頭等艙船票早就包含了船上各種活動餐飲消費，原來自以為的節省，卻是在白白浪費。

這個故事點出了郵輪旅遊的一大重點：上郵輪，就是要玩玩玩。

我最早上船，是以乘客的角度，想要了解郵輪是怎麼一回事。我發現，越主動參與各種活動，不怕語言與文化隔閡的人，越能領受郵輪的樂趣。所以，千萬別把自己關在艙房中，既然入寶船，豈能空手而回。

但如果你只是到處參觀，拍拍照，終究還是郵輪上的觀光客，收穫有限。重點是要把自己投入其中。與其到池畔去拍別人在躺椅上曬太陽，為何不自己找張躺椅，乾脆加入其中？而泡在露天按摩熱池的樂趣，只有身在其中的人才能懂。

郵輪上每個小時都有三四個活動可以參加。跳舞教學是最容易加入的活動，各種國標舞、排舞，甚至我最喜歡的、拉丁系的音樂和舞蹈所結合的 Zumba，而江南大叔的騎馬舞，我也在很多艘船上學跳過。

在公主郵輪的氣球倒數派對中，當晚上 11 點，全船倒數著：「五、四、三、二、一！」大量氣球一齊落下中庭。別只當那個照相的人，實際下來體驗吧！一起用力把氣球踩破，一群人接成長長的人龍，瘋狂跳舞！

荷美的舞會傳統很有趣，在巴拿馬運河航段的如德丹號上，我參加了大型的「黑與白舞會」、「金色舞會」。有很多 dance hosts 會來帶舞，場面很盛大。2016 年，我則在荷美的跨北太平洋航程約朋友去參加「黑與白舞會」。那次是由船長領軍，船上的一二線長官都穿著帥氣制服一字排開，等著與乘客共舞。每支舞結束，還會抽出和某些長官共舞的幸運兒，贈送香檳。

場面盛大的黑與白舞會，全員一字排開。

我很想說，我一出場就獲得了熱烈的邀舞。但事實是，看著旁邊日本大媽群，不斷主動出擊去邀年輕長官們共舞，我竟然在一旁坐冷板凳當壁花。做人不就是爭一口氣嗎？我也當場放下矜持，「撩下去」主動出擊，結果我跟英國三副、蘇格蘭歌手、俄羅斯舞蹈老師、印度第三輪機長、印尼餐飲主管、美國阿伯……都共舞一曲。其中，俄羅斯舞蹈老師超會帶舞，我幾乎是被甩著滿場飄移飛舞，跳出了許多高難度舞步。木訥害羞的第三輪機長則是被同事推出來，把他郵輪生涯的第一支舞獻給了我。如果當時我沒有鼓起勇氣，把自己參與進去，不會有這些難忘的經驗。

而我要是遇到很會跳舞的朋友，也會幫他們報名特殊活動，我的社大好朋友碧華，甚至在皇家加勒比海洋榮光號的與長官共舞活動中，在中庭對全船觀眾表演舞技呢！在這艘船上，我也曾帶同行的社大好朋友，一起參加「顫慄舞」表演，主題曲就是麥可‧傑克森的〈Thriller〉（顫慄），練好舞之後再扮成殭屍出來嚇大家。

各種船上設施服務也都該盡量試試。荷美威士特丹號的海上 SPA、歌詩達郵輪的4D 電影院、帝王公主號的聲光水舞噴泉秀和高爾夫模擬揮桿、皇家加勒比的冰宮內溜冰刀等等，都讓我留下非常難忘的印象。

皇家加勒比的船就以豐富的設施最為出名。蘇伊士運河的航程中，我帶好朋友們一起去挑戰攀岩，我有沒有成功攻頂呢？很不幸地，並沒有。眾目睽睽與大夥加油聲之下，我使出了洪荒之力，還是敗給一段最陡的坡，在下面的夥伴，有用攝影機捕捉到我腿在狂抖的片刻。但這過程本身就很值得，當我爬到高處，從高處望向一片遼闊海洋，簡直太過癮了！終於知道皇家加勒比這個設施為何如此受歡迎。而在另一艘皇家加勒比的海洋自由號上，有衝浪的設施，我的高中摯友渼淑，也成功挑戰這個高難度活動，留下非常棒的回憶。

總之，放膽的去嘗試吧！

玩郵輪不需要總是「關」在船上。出來衝衝浪，享受海風與陽光，多麼充實美好。

郵輪上的終身大事

終身難忘的蜜月旅行需要幾個元素：
第一，要不受打擾；第二，不能太操勞；第三，要夠浪漫特殊。

團員在郵輪上舉行婚禮。

郵輪婚禮，光聽起來就很浪漫。不像到海外辦婚禮，需要費心安排家人或賓客的飛機食宿。而郵輪本身設施就媲美豪華的酒店，豐盛的美食，剛好也可以解決宴客的安排，一舉數得。

2007 年的藍寶石公主號亞洲郵輪之旅，出發前我們得知團裡有一對來自台東的情侶，志立與宛芬，希望藉此趟航行舉辦婚禮。若要在郵輪上舉行婚禮，需於半年或更久前，向郵輪公司提出正式申請，並配合船公司所有收費與規定。當時的領隊阿諾大哥早早就積極安排相關事宜，我也樂當小助手。

因為法律規定，結婚需舉行公開儀式與二人以上證人為證，始發生完全效力；我們全團組織起來辦了一場海上婚禮。場地選在船上有美麗海景並且不受打擾的天行者酒吧，由團裡最資深的張先生擔任證婚人，鄭老師擔任主婚人，其他人擔任主持、媒人、樂隊、DJ、攝影師等任務，我則充當新娘祕書，幫新娘呈現最美的一面。當新郎新娘在眾人見證下，說出「我願意」，交換信物並擁吻的瞬間，所有人撒出紙炮與彩帶，大夥沉醉在幸福的感動中。之後由國標舞高手湛哥與張姐開舞，團友輪流獻唱情歌祝福新人。

但除了辦婚禮，我見過更多的是在郵輪上度蜜月。

一個終身難忘的蜜月旅行需要幾個元素：第一，要不受打擾；第二，不能太操勞；第三，要夠浪漫特殊。而郵輪，正好可兼顧這三個元素。

一生一次的蜜月旅行，如果跟旅行團出去玩，有時不一定適合。因為以台灣旅行團的安排習慣來說，通常行程會排得非常緊湊，每天一早被 morning call 起來集合，接著是遊覽車趕鴨子式的參觀行程，想要享受寧靜卻受到導遊連珠炮解說轟炸，加上成員來自四面八方，如果都是年輕人還算幸運，但新婚夫妻通常會參加比平常旅遊價位高一點的歐洲團等，畢竟一生一次的旅行絕對不能省啊！

結果運氣不佳，遇到整團的阿公阿嬤團員，全程幾十雙眼睛盯著你們品頭論足，害得兩夫妻連小手都不好意思牽，更別說兩人曾夢想在艾菲爾鐵塔前擁吻了。不

然，就是一堆過來人夫妻相處道理或婆媳經驗談的輪流轟炸，阿嬤們告訴你一堆婆媳相處的苦水，一整天下來沒有半點私密空間，心情也糟透了。

好不容易回到旅館，可以不受打擾，兩人的甜蜜時光終於要開始了，結果洗完澡打包完行李，卻發現另一半已經累得躺在床上呼呼大睡了！整個旅行除了拍回很多到此一遊的照片，其餘過程都是噩夢一場……天啊！

若是選自助旅行，雖然自主的時間多了些，但年輕小兩口若預算有限，也會旅行得有點緊繃，總不能蜜月旅行還住青年旅館吧！加上若狼狼地扛行李、趕火車、迷路找路，也可能增加吵架的機會。

根據觀察，我在歐洲首都全覽航程認識的美國夫妻 Edward 和 Daisy，他們的蜜月旅行是這樣子的：

他們早上從不到餐廳吃早餐，而是叫客房服務把早餐送到房間。任何人在美景如畫的艙房裡醒來，推開房間陽台就可以看到無邊大海，旁邊是心愛的另一半，怎麼會捨得走出房間呢？吃完一頓緩慢而美好的早餐後，兩個人悠閒地看著節目表，計畫今天想玩什麼。一起上健身房？到三溫暖室享受全套 SPA 再游泳好呢？還是去參加船上的藝術鑑賞課程好呢？反正，只要兩個人在一起，玩什麼都好。

靠岸時，他們偶爾也會參加船公司販售的主題一日遊，和一群人搭遊覽車熱鬧去玩順便交朋友。事實上，我和他們就是這樣認識的。不過通常，他們不喜歡和很多人綁在一起，所以他們會搭乘郵輪公司提供的免費接駁巴士到市中心，然後兩個人開開心心地牽手逛一整天。

黃昏回到船上，他們會回房打扮很久，然後在晚宴時分相擁出場，讓攝影師捕捉美麗的鏡頭，留下最美的紀念。接著在豪華的餐廳裡，好整以暇地享用精緻的晚餐，飯後看場魔術表演、或是大型歌舞秀。有時，會看到他們在深夜的酒吧中，兩人配合音樂甜蜜相擁起舞，如果一段婚姻的開始，就能有這樣的幸福感，真是美好啊！

另外，我覺得蜜月應該選艘看起來夠華麗的船，例如公主郵輪皇家系列的船。有次我同行有一對年輕蜜月夫妻，是對俊男美女，在船上華麗中庭留影的照片，艷驚全場，相信若未來的子子孫孫看到，一定也會讚嘆：「爺爺奶奶好像明星啊！」另外，星風郵輪系列那種浪漫的仿古帆船郵輪，應該也很適合。

如果你是蜜月身分，記得事先通知船公司。我的經驗是，所有郵輪都會在艙房門口布置特殊的氣球，寫上蜜月中的字樣，讓你每次看到都有好心情，通常附近鄰居看到，也都會主動祝福。而有的船甚至會在艙房內，用花瓣在床上擺上愛心，或送上免費的香檳酒、巧克力、或蜜月蛋糕等。

讓大海，一起見證你們的幸福吧！未來只要看到海，就能勾起美麗的回憶，這樣不是很棒嗎？

單身者如何享受郵輪

即便是一個人搭郵輪，
只要敞開心胸在船上廣交朋友，也絕不會是孤單的。

郵輪上的單身派對午餐。

本書的英文書名《Don't Cruise Alone》，別獨自去搭郵輪，其實是來自我在第二趟郵輪，中美洲的巴拿馬航段時的靈感。當時我身為一個單身旅行者，在郵輪上，從一開始的孤單，到後來交到一些好朋友。有次聊天中，我告訴他們，我未來想寫一本書，書名就叫《Don't Cruise Alone》。

多數郵輪客是情侶或家庭，看人家放閃，單身者很容易「孤單寂寞覺得冷」。如果你真的要一個人去搭郵輪，都打算要付雙倍船艙價格了，那何不乾脆招待一位家人或朋友同行，更皆大歡喜。

但常常親友都無法配合，或是本身是愛好自由的孤鳥型旅人，放眼我身邊，這樣的朋友還不少。先別放棄郵輪旅遊，其實少數郵輪公司的部分船隻有單人房船艙的設計，《貝里茲郵輪年鑑》中列出，3 星＋以上船艦中有超過 15 間單身艙房的船還不少，其中以挪威人 NCL 與皇家加勒比 RCI 兩家郵輪公司，對單身族最為友善（有單人房的郵輪，請參閱本書第 240 頁）。但這樣的艙房通常還是僧多粥少，至少應提早一年前預定，價格也許是普通兩人一室單人價的 1.5 倍左右，但可以確定不是乘以兩倍。不過，有時普通郵輪最後一分鐘特價，價格常跌破 50% 以下，此時一個人獨佔兩個位置，睡大床，也不見得會比較貴。

據我所知，也有北美的旅行社專門組織單身者的郵輪，也可以上 SinglesCruise. com 這網站看看。但其實，我更想跟朋友們分享的「Don't Cruise Alone」概念是，即便是一個人搭郵輪，只要敞開心胸，在船上廣交朋友，你也絕不會是孤單的。

郵輪上最適合認識朋友的場合就是「單身派對」。

那一次我搭巴拿馬運河航段的郵輪（請參閱本書第 112 頁），雖然跟著團體登船，但總歸是單獨一人，加上我也想保有個人空間，不想完全跟著團體行動。所以我先到「單身派對午餐」認識朋友。在郵輪非裔美籍 DJ Jonathan 的帶領下，氣氛漸漸熱絡。我旁邊的 83 歲加拿大籍 Carol 奶奶，她是教師退休，80 歲開始搭郵輪，至今已經搭過 69 趟郵輪，這四年生活就是從一艘船上換到另外一艘！原來傳說中，歐美人士退休後寧願住在海上，而不住養老院的傳聞是真的。其實，國際

大眾化郵輪促銷時，每天的價位可以低至100美元以下，以北美退休族的退休金，是都可以負擔得起的。而經過這個相見歡的午餐，這群單身族幾乎晚上都會自動到 DJ 主持的北極光迪斯可舞廳報到，大家彼此問候，聊聊天，跳跳舞，偶爾 DJ 還會招待飲料，也形成一個溫馨的社群。

除了單身派對，郵輪上有許多活動很適合單身者參加並認識朋友，例如：舞蹈教學、手工藝品課程、橋牌聚會、瑜伽有氧、品酒或調酒課程（一點酒精很容易拉近距離，但請適量）……而長天期郵輪上的課程，常常是系列課程，如西班牙語課程，每個航海日固定舉辦，只要你持續參加，自然而然就會認識一群朋友。如果你身懷絕技，比如特別會唱歌、跳舞，別忘了報名乘客才藝表演，有機會一炮而紅，讓你變成全船的名人。我曾遇過一位台灣男士帶二胡上郵輪，偶爾即興演奏一段，獲得不少掌聲；也曾有朋友在泳池畔桌上練習寫毛筆字，吸引不少人來攀談，都是很好的國民外交。

用餐的時間，更是認識朋友最自然的機會。無論是自助餐廳或是帶位餐廳，服務生都會問介不介意和人併桌，此時請勇敢選擇「併桌」。若語言不流利也別擔心，通常只要一個微笑、主動問候，簡單的英語與肢體語言，有時就能溝通。換個角度想，外國人也不會講中文啊！外國乘客通常還滿主動的，有次遇到一個來自舊金山的律師，還想主動加入我們三十多人的台灣團體，來跟我們共進晚餐呢。

有時在船上打招呼，一回生、二回熟，感覺投緣的朋友，也可以相約一起用餐。就像我在亞洲的航程中，遇過一對來自哥倫比亞波哥大的姐弟。兩姐弟都是哥倫比亞大學學生。弟弟 Daniel 溫文儒雅，非常有紳士風度；姐姐 Laura 曾在乘客才藝秀中勇奪冠軍，當時她大秀騷莎舞，那曼妙的舞姿，連我是女生都覺得傾倒。我對他們很好奇，幾次在船上遇到都會試著聊上幾句。他們一家人見到我，尤其是舅舅，總熱情地擁抱親吻打招呼，雖然我每次都不知該親幾下臉頰，只好跟著傻笑。有天晚上，我和姐弟倆約定好了要一起用餐，用餐時間已過，我卻一直等不到人。打了電話到他們房間詢問，他們好似忘記了約定；但 Daniel 馬上又改口說，請等一下。不久，竟然全家一起盛裝出席，讓我受寵若驚。其實他們已經先吃過，為了重承諾，再陪我一起用餐。席間才知道，他們父親是企業家，舅舅也

都在商業界工作。Laura 送我一條項鍊，我也贈送了筷子薰香等禮物。以往我唯一去過的哥倫比亞城市是卡塔赫那，當時的印象很美好，但我覺得這次，更讓我看到哥國菁英家庭的樣貌，他們展現的教養，讓我覺得很感動。

惜別時 Daniel 用西文與英文寫下：旅行是很棒的，因為可以造訪美麗地點，認識有魅力的人，像你（他們人真好，對不!?）。我們希望未來再度在世界其他地方遇到你，如果那個地點是哥倫比亞，就更好了，我們在那裡等你。

別忘了，郵輪上的工作人員也是最親切友善的，我跟他們聊天，常聽到很多好笑的故事，或是在船上工作的真實感受。

有次在歌詩達維多利亞號上，幫我們打掃艙房的房務員，是一位可愛的中國女孩。她說起當初應徵時，亞洲的召募公司人員問她，是否能吃苦耐勞，她自信滿滿地說「當然可以」。亞洲船員合約期九個月，房務部每天工作 12 到 16 個小時，全年無休，負責 18 到 22 間房，每天打掃兩次。她上船那天剛好遇到轉換乘客日，在很短幾個小時內，拚命打掃，還是出很多錯誤，被投訴。第一天晚上就一個人在被窩痛哭，打電話回家都不敢跟媽媽說有多苦，好不容易，撐到這趟之後就要下船了。「這輩子絕不回來了！」她說。

在藍寶石公主號的亞洲航段，我認識了泳池畔酒吧的阿根廷調酒師 Eddie。當時他已上船四個月，他得知下船日期後，就開始每天倒數期待回家的日子。有一天到越南芽莊時，他很興奮地打電話回家炫耀，告訴母親：「媽！我現在在一個完美的越南海灘，沙好白還有椰子樹，風景好美……」
然後，他母親只回了一句話，就徹底完勝一切：
「你知道我們昨天晚上吃什麼嗎……？」
兒子：「Ohhhhhhhhhh……（猛吞口水）」

離鄉背井長期在船上工作，也真是不容易！你的友善，可能換來一段友誼！也讓自己不寂寞。

遇見奇特的人和比爾先生

航行在大海上，便有機會認識奇特的人。
你是誰的朋友呢？下次上郵輪，不妨留意看看。

我在 Morry 身上看到堅持的力量。

郵輪航行在大海上，你有機會在偶然中認識一些奇特的人。2005 年我第一次搭「歐洲首都之旅」航段的時候就是。

當船航行在海上，有數十種活動與設施的船上，你會選擇什麼樣的活動呢？不管做什麼，應該很少人會選擇「拼圖」這樣耗費時間的娛樂吧！所以，你知道那天我看到郵輪的圖書室裡面有人正在挑戰 3,000 片大拼圖時，有多麼驚訝了吧！

看到我好奇的表情，正在拼圖的這位紳士停下了手上的動作。原來他是來自以色列台拉維夫的乘客，和太太兩人前來度假。

他邀請我一起加入拼圖的行列，因為從小對拼圖實在沒興趣，只好搖頭婉拒。但忍不住心中的好奇，我還是將我的疑問提了出來：「這麼大的拼圖？你確定你在這十幾天裡面拼得完嗎？」

「哈哈！我很確定！因為這個……」他拿出拼圖盒子的蓋子，翻開內面，上面寫著幾行小小的字。「Puzzle commensal 12:00PM May 19th 2004 –on May 30th 2004 at 11:55PM (the last day of the cruise). The following people contribute to the project（接著是八個人的簽名）We challenge you to do the same！」（此拼圖在 2004 年 5/19-5/30 由八個人共同拼成，我們向你發出挑戰，賭你也能完成！）

「我一個人絕對拼不完這麼大的拼圖，但是我相信在最後關頭，會有很多人一起和我完成的，就像這上面的簽名一樣。」他氣定神閒地說。

我看著桌面，拼圖的框已經被整理出來，所有的拼圖都用顏色區分成堆，但每片拼圖看起來都一模一樣，這真是個大工程呢！他的表情令人相信這真的有可能完成，於是我決定幫忙拼一片看看，我低頭尋找框框內特殊的凹角，再從密密麻麻的碎片中試著辨認形狀。時間一分一秒過去，20 分鐘後，感謝神！我終於成功拼出了一片，但卻已經是滿頭大汗了。如果以我這樣 20 分鐘拼一片的速度，3,000片必須花整整 42 天不吃不睡才拼得完，果然是 Mission Impossible 啊！

「其實你很不錯了！很多人連拼一片的耐心都沒有呢！」看出來我的沮喪，他鼓勵我！

「真的嗎？好，雖然我很不擅長拼圖，但我會每天來看你，順便幫你拍一張照片記錄，希望你會順利拼完成。」現在，這個拼圖遊戲能否完成，我彷彿也參與其中了。

之後，我每天依約來到圖書閱覽室，幫他拍照並且也試著拼一兩片。我得知這位紳士 Morry，曾任以色列的電信公司總裁，退休後轉職產品經理與企業顧問，常繞著地球跑，最近的職務便經常要在非洲迦納與墨西哥兩地頻繁來往；現階段也積極投入公益活動。他的一生充滿了精采的遭遇，言談中自然流露幽默的談吐，淵博的見識。從保養得宜的身材，還有拼圖的毅力，我發現他身上流露著一種猶

太人特有的自律特質，但對待別人總是很親切和善。我的以色列旅遊經驗很快拉近了距離，我們開始無所不聊。到後來，我甚至有點期待起每天經過閱覽室，可以看到這個有趣的朋友。

他的拼圖進度剛開始非常緩慢，不過他似乎很享受這個過程。他說拼圖的過程對他來說是一種放鬆，但也是訓練集中力的方法。看到窗外的光影灑落在拼圖上面的時候，他感到一種前所未有的寧靜。然而，一直到我們下船的前三天，偌大的拼圖卻還剩下 40% 未完成的面積，甚至他也因為疲憊，偶爾回房去休息。在走向閱覽室的路上，我不禁開始擔心起來，他的願望會實現嗎？

當我踏進閱覽室的瞬間，看到了非常令我感動的一幕。有幾位乘客們圍在桌子旁邊，大家熱心地比對著剩下的拼圖，原來這些人都跟我一樣，每天看著他獨自奮鬥，在最後關頭，決定要出來幫忙，接著神奇的事情發生了，每天圍在桌子旁邊的人越來越多，在大家集體努力下，拼圖的成長進步神速。就在離開前一天，當他返回閱覽室準備繼續剩下來的 5% 拼圖時卻發現，一幅完整的拼圖已然展現在他的面前，這個拼圖終·於·及·時·完·成·了！

我想，這是我郵輪航程中最饒富寓意的一段偶遇，這不只是一個拼圖遊戲，我在這個以色列朋友身上，看到了非常感動人的一種特質，那就是堅持的力量。這種堅持的力量，能夠號召眾人之力、凝聚人心。最後大家簽名在拼圖盒子的內側時，他則露出開心的笑容，而目睹這一切的我，終於明白為什麼眼前這位紳士會事業有成，人生圓滿了。那是我頭一次航海旅途中最具有價值的一課。

另外，眼尖的人可能會發現，幾乎每艘郵輪都會有個活動，叫作「比爾先生的朋友聚會（Friends of Bill Get Together）」，到底這個比爾先生是何方神聖？這個聚會是做什麼的呢？

其實「Bill」這個活動，也常常被簡寫為「Bill Wilson」或「Bill W」，指的是一位美國佛蒙特州人 William Griffith Wilson（1895-1971），他是酒精上癮者匿名組織 Alcoholics Anonymous（AA）的創辦人，這是一個藉著酒精上癮者彼此之間

的支持與自我幫助，讓人保持清醒的治療組織。童年辛苦又經歷生活坎坷的比爾，原本是一個重度酒癮患者，後來自發性地投入戒酒工作，嘗試開發許多幫助酒精上癮症者的治療方式，例如使用菸鹼酸（維他命 B₃）或是透過心理學玄學的治療，造福許多有同樣困難的人，他本身並且保持清醒戒酒長達 35 年，展現超強意志力。而郵輪的環境，酒精隨處可取得，似乎也更需要同伴支持鼓勵，讓戒酒者不至於淪陷。而桃樂絲之友（Friends of Dorothy，簡稱 FOD）則是指男同志與女同志的聚會，現在有很多郵輪則會用 LGBT 這個更常見的通稱，指女同性戀者（Lesbians）、男同性戀者（Gays）、雙性戀者（Bisexuals）與跨性別者（Transgenders）。

另外，有時也會看到 The Red Hat Society，是指 50 歲以上的女性，她們聚會會戴紅帽子，穿紫衣服，不分種族黨派，只強調濃厚的姐妹情誼。這個社團宗旨是「玩得開心」，因為女人上半輩子都為別人而活，50 歲之後應當為自己活。還有 Veterans 退伍軍人聚會，是指美國的退伍軍人，會出現一群陽剛的硬漢。或是一些更常見的國際組織，如扶輪社友、獅子會友聚會。宗教上的聚會也很多，近年來很多郵輪都會有基督教、天主教彌撒、猶太教安息日服務。只是以歐美文化為主的郵輪，還沒見到過穆斯林祈禱室、佛教佛堂、道教道場等服務出現哩。

當然如果你是異性戀者，可到單身派對交朋友。親子同遊，親子聚會能讓你如魚得水。有時不用刻意，賭友自然會在賭桌相遇。公主郵輪的聖殿成人休憩區，會吸引低調的有錢人，而迪斯可熱舞廳，通常是滿滿的年輕人大平台。這幾年更聽聞，有些船公司在特定的巡航中，加入更多趣味主題元素，例如有冰與火之歌主題岸上遊程（水晶郵輪跨大西洋）、魔戒愛好者（皇家加勒比）、縫紉愛好者（黃金公主部分航次提供縫紉機課程）、哥德暗黑華麗（Gothic Cruise）、殭屍扮裝（皇家加勒比）、超自然靈異愛好者巡航（SpiriCruise，百慕達三角洲某些航線），甚至天體愛好者（精緻郵輪星座號某些加勒比海航次，有造訪某些天體海灘）。

亞理斯多德說：「Birds of a feather flock together.（同樣羽毛的鳥兒會聚在一起──物以類聚。）」你是誰的朋友呢？下次上郵輪，不妨留意看看。

全世界吃龍蝦最多的人

郵輪豈止吃得好，
簡直是無比豐盛，而且完全不用考慮價格。

船上大廚準備著精緻餐食，其中最受台灣郵輪客歡迎的就是龍蝦。

主廚特製的亞洲風味紅燒大蝦與干貝。

你是否曾有一種經驗，在異國餐廳點菜時，尤其是高級餐廳，你會忍不住瞄向菜單右側的價位，並在心中計算可能的花費。如果全家出遊，餐費可能是很驚人的項目。生怕一不小心就超支。或是擔心「踩到雷」，點到不喜歡的食物？

一趟旅行，只要吃得好，通常就成功了一半。而郵輪豈止吃得好，簡直是無比豐盛，而且完全不用考慮價格，因為船票已經包含幾乎所有的吃喝，可以任選任吃。

箇中精采絕不是在自助餐廳，而是每天在主餐廳用的五道式點餐（à la carte）晚宴，從前菜、主菜、義大利麵、湯、甜點，每個項目都有四至五道可選擇。這樣一餐，在陸地上可能就要每人1,000-2,000元台幣。如果在高物價的北歐，可能還更貴。

我覺得我旅程中最過癮的西餐體驗，深入西式飲食文化，放膽點餐不怕踩雷，都是在郵輪上。一般台灣郵輪客最喜歡吃的龍蝦、帝王蟹、高級牛排等，多數郵輪船上都可以免費品嘗到。郵輪界傳說，全世界創下一口氣吃最多盤龍蝦紀錄的人，是來自台灣中部的一位客人，在公主郵輪船長晚宴連吃了六盤龍蝦大餐，被列入公主郵輪教學舉例中，也算

另類台灣之光。其實只要吃得下，服務生都會供應。

我目前吃過最豐盛的餐食，是在 2015 年公主郵輪最新的帝王公主號，那是新船剛下水的歐洲第二航次，我在航程中的體驗。

大廚在主廚秀的示範料理。

地中海美食一向是郵輪廚師強項，尤其這艘船主廚 Alfredo Marzi 剛好就是非常堅持美食主義的西西里島人，之前服務於 QE2，他廚師生涯服務過的名人包括黛安娜王妃、美國總統喬治・布希、柴契爾夫人、義大利總統、泰國公主等。他在主廚秀示範做菜教學，一面不忘幽默，一道號稱「做給未來丈母娘吃，就把女兒嫁給你」的西西里番紅花風味燴龍蝦與綜合海鮮，香氣逼人，而「做給上司吃，隔天就升官」的甜點，更是精美。

餐點都是義大利煙燻火腿、紅花檸檬草咖哩清蒸貝、法式蝸牛、西班牙辣香腸蘑菇餡餅等地中海料理，連湯都是像西班牙芒果冷湯、義大利婚禮湯等當地風味湯，彷彿把地中海的陽光與健康一口口吃下肚。而船上海鮮料理尤其受乘客們歡迎，像我最偏愛巨無霸鮮蝦盅，還有像柳橙鱸魚、清蒸帝王蟹腳或炭烤龍蝦等都很新鮮。我有時會懷疑，船底下是不是偷偷拖著一面大網，否則哪來那麼大量新鮮的漁獲呢？服務生告訴我，其實很多食材都是每日靠岸時即時採買的，才會如此新鮮。

郵輪上也有少數付費餐廳，付少額訂位費（例如 25 元美金）即可體驗。我對莎芭提妮義式料理付費餐廳中的龍蝦尾一見傾心，這些龍蝦一定有每天上健身房，肉質 Q 彈鮮甜，讓我忍不住終結了兩份。有道義式香草鹽烤銀花鱸魚料理，上桌

付費餐廳的牛排，各種部位任君挑選。

時只見像岩石鼓鼓的一整塊。待服務生用小鎚子敲破鹽塊，頓時香氣四溢，整條魚香嫩多汁，美味都被封在鹽裡面了。皇冠海鮮牛排館裡，則提供包括熟成牛排在內，種類齊全的各部位精緻牛肉，還有干貝、淡菜、龍蝦尾……都很不錯。船上也有歐洲人喜愛的瑞士乳酪火鍋。

連續多日飽食佳餚後，我特別喜歡公主郵輪隱藏版的服務，就是英式酒吧午餐，在舵手酒吧搭配現場演奏，享受著英式香腸、炸魚薯條，再喝上一杯啤酒，好似回到以前在英國各地自助旅行的時光。另外有一次在 2014 年台灣出發的藍寶石公主號上，船方在登船當晚，精心安排「名流晚宴」，復刻黛安娜王妃 1984 年在南安普敦，擔任皇家公主號教母命名儀式 * 的首航宴會菜單：紐堡式帝王蟹餅、什錦野菇奶油湯、頂級法式烤雞佐麝香草汁、甜酒舒芙蕾凍糕組成的四道式晚宴。和黛妃吃同樣料理，我覺得深具歷史意義，當場卻沒感覺到客人太多回響，我想台灣旅客還是最期待「龍蝦」吧！

另外，我曾經搭荷美航運走南美與南極航線，荷美餐食本來就不弱，那次行經物產豐饒的南美地區，廚師更是使出所有看家絕活，除了多次出現龍蝦、干貝、鵝肝醬、頂級肋眼牛排等高檔食材，還有很多就地取材，融入了當地烹調法，諸如阿根廷烤肉排、南美餡餅、智利檸檬醃魚生、合恩角鮮魚濃湯、烤鹿腰肉佐越橘醬、紅酒醬鵪鶉……都很美味。除此之外，還有葡萄牙式魚糕、希臘肉丸湯、米蘭式燉小牛肘、摩洛哥酷斯酷斯、俄羅斯式炸豬排、馬達加斯加風味烤牛排、日

* 教母命名儀式：每當有新船下水時，會為新船舉辦首航命名儀式，此時多會邀請身分顯赫的名人擔任「教母」，進行「擲瓶禮」儀式的傳統，祈求航行平安。帝王公主號的教母是前英國首相柴契爾夫人，最新的皇家公主號教母則是英國凱特王妃，而 1984 年為之前同名的皇家公主號擔任教母的，正是黛安娜王妃。

式天婦羅、印尼蘇門答臘風味餐……輪番上陣。每天都用味蕾在環遊世界。荷美的品尼高燒烤付費餐廳（Pinnacle Grill），令我印象最深刻的不是餐食，而是使用的餐具——寶格麗 Bvlgari 餐盤、Riedel 水晶杯、Frette 桌巾。這款高規格的餐盤也出現在荷美宣傳海報上。品尼高近年來更與米其林餐廳合作，供應紐約知名法國餐廳 Le Cirque 和荷蘭米其林三星餐廳 De Librije 的料理。

來亞洲的船，也非常在地化。歌詩達維多利亞號，每天晚上供應現煮的熱湯麵，包括牛肉麵、海鮮麵等。我也曾經在台灣出發的藍寶石公主號上，吃到付費的「海景火鍋」，原本不抱期待，沒想到麻辣與雞湯湯底都滿對味，大蝦和干貝也無限量供應，在郵輪上還可以吃到熱騰騰火鍋，是我沒想過的。

荷美甜點大賞。

精緻郵輪在西方評鑑中，美食項目獲好評。我搭無極號與星座號的經驗，印象深刻的是有很多法式工夫菜，廚師也非常盡心盡力地，幫台灣旅客客製化各種菜餚。星座號的「遠洋郵輪」主題餐廳，供應鵝肝、羊奶酪皮奶酥、羊肉、酥皮干貝及在餐桌旁現場烹調的龍蝦料理。皇家加勒比的菜單上，曾看到每天介紹一種主題食材的知識，並在當天某道料理中添加該食材。我曾遇過以番紅花、松露等入菜，不過珍貴食材的量並不多，僅淺嘗而已。倒是有一次在海洋榮光號上，朋友付費去品嘗主廚的無菜單料理，一天僅接受 12 人，每道菜都有講究的配酒，一頓飯吃完每個人都醉了，讚不絕口。

甜點最令我印象深刻的，則是荷美的招牌活動「甜點大賞」。各種精心裝飾的甜點擺設在泳池畔，還有巧克力瀑布，是一場香氣四溢的盛宴。我個人雖不愛甜食，但光看也很過癮！後來廚師給了我一隻非常精緻的巧克力蝴蝶，搭配新鮮草莓。

船上餐食豐富多元，要搞定整船乘客的飲食，需要大量的補給。

要搞定整船乘客的飲食，背後學問並不簡單。以帝王公主號為例，這艘船一天用掉 600 磅奶油、1,500 磅麵粉；每週用掉 25 萬顆蛋、每航程用掉 17 萬磅新鮮蔬果、以及三噸的冰來雕刻 20 個冰雕、每十天就有 90 萬磅的補給，80% 材料來自美國，20% 當地採購。船上共有 18,000 瓶藏酒，每個禮拜要洗 54,600 條餐巾、21,200 條毛巾……

缺點是，郵輪上真的要很有自制力，努力去甲板慢跑或上健身房，否則下船時肯定腰圍多一圈。

靠岸活動與單車

享受郵輪之旅，如何安排靠岸活動也是一大重點。
我會用不設限的態度，加上背包客精神，嘗試各種可能玩法。

享受郵輪之旅，如何安排靠岸活動也是一大重點。通常我會用不設限的態度，加上背包客精神，盡量嘗試各種可能玩法。這個習慣也一直維持到我帶團，我很多是帶「郵輪自由行」的團。甚至一般郵輪團體，我也會不斷去發掘各種隱藏服務或另類玩法。這已經變成一種本能的習慣。

郵輪通常停港一天（如從早上七點到晚上七點），缺點是不夠深入。但如果規畫得宜，一天之內可以看到很多東西。

通常有四種方式可供選擇。一是參加台灣旅行社的全包式團體，二是選購船上的岸上觀光行程（shore excursion），三是自行參加當地的旅行團，四是單純自助旅行。

第一種是透過旅行社全部安排好，不用費心，有台灣領隊帶領，團員都是台灣人，通常遊覽的是經典必遊的景點。

第二種參加船上的岸上觀光遊程，選擇就很多，常常一站就有十多個選擇，團員都是船上外國乘客，車上以英文導覽。以我第一次去的歐洲首都之旅為例，郵輪公司提供的岸上觀光、半日遊或一日遊價位從 50-200 美元不等，雖然所費不貲，但一個人也可以參加，是其優點。另外也有一些主題之旅，如佛羅倫斯藝術之旅、荷蘭自行車之旅、蒙地卡羅 F1 賽車之旅、法國諾曼地乳酪之旅……選擇很多樣。若報名郵輪公司的行程，我有時就喜歡選擇另類或特殊一點的，例如在巴拿馬航段，我報了諸如海盜船、泛舟、騎馬、與魟魚同游等行程。

諾曼地乳酪之旅，參觀製造過程之外還能品嘗各式乳酪。

第三種，跟當地旅行團。當船上的行程選擇或價位都不滿意時，也有人會嘗試事先搜尋，自行預訂當地的旅行團去參加；優點是可能會較便宜，缺點是回船的時間需要自行精準掌控。

第四種，純自助旅行。針對不愛跟著團體走的人，有的地點郵輪公司也會提供到港口市中心的接駁，以及免費地圖和附近旅遊資訊，可以自己上岸趴趴走。如果人數少，我有時也會在港口直接包一輛計程車，談定帶我們去哪些景點。

除了這些，我自己特別難忘的，有一趟是 2007 年亞洲航段，「郵輪＋單車」型態的 20 天旅行。

這個當時由旅行社組織，國內單車車友熱情響應的活動，搭乘公主郵輪的藍寶石公主號，從靠近北京的天津新港啟航，一路南下走到曼谷林查班港，沿途停靠亞洲各港口，包括台灣。特別的是，靠岸盡量採騎單車旅行，我們沒有自己帶單車，而是到每一站租借當地的單車。

那一趟，首先是在北京長城居庸關附近騎行。長城附近地勢是高低起伏的丘陵緩坡，12 月初的天氣已經有些寒冷，一行人出發後，迎面而來的優美風景，加上騎車旅行的新鮮與興奮感，讓我難忘。

在上海騎自行車，十分緊張刺激。

離開北京，到長崎，再到上海騎單車。在人口超過兩千萬的上海大都會中騎車，還真是險象環生。要跟過往的人車爭道，還要在都市叢林法則中努力求生，幾次我都差點撞上車子，嚇出一身冷汗。隊伍也頻頻被紅綠燈切斷。不過邊騎車邊欣賞林立的高樓大廈、地標建築，像是金茂大樓、東方明珠塔等，更能感受到這座城市蓬勃發展的活力。四小時後騎行在外灘畫下句點，把車停好，漫步在港邊，感覺重新認識了上海這座城市。

到了日本沖繩那霸，在當地導遊帶領下，這一站的單車騎行經驗，是此行最棒的。從那霸新港出發，騎行波之上臨海道路，沿途有專用自行車道，不用擔驚受怕，閃避路上的大小車輛。大約 3.5 小時的騎行，碧海藍天，如詩如畫，最後停在奧武山町。日本人對單車客非常友善，沿途多主動跟我們打招呼問候，還豎起大拇指鼓勵，讓我們越騎越有勁。騎單車的旅行特別能感受到沖繩的美呢！

越南芽莊一靠岸，一群穿著傳統國服「奧黛」的女子一字排開歡迎，氣勢十足，這是越南歡迎郵輪的陣仗。嚮導用摩托車領騎，我們騎單車跟上。首先沿著陳富路海濱大道，欣賞芽莊世界知名的沙灘，騎到據說是電影《情人》拍攝場景的鐘嶼石岬角，並參觀附近的婆那加塔。之後轉騎進市區，經過熱鬧的水壩市場到龍山寺參觀，也看到了越南手工刺繡、一個裝滿福馬林罐的水族館，最後再享用一碗道地的越式河粉搭配越南滴漏式咖啡，大感滿足。沿途常可看見越南女孩穿著傳統國服，非常優雅好看。其實在越南，白色奧黛常是女學生穿著的制服，十分

越南芽莊歡迎郵輪的大陣仗。

普遍。回船前我也買了一件奧黛，入境隨俗變裝一番。

最後在泰國林查班港下船後，我們還前往泰國大城騎單車，遊覽14-18世紀蘇可泰王朝留下的艾尤塔雅遺跡。騎著單車，穿梭在古蹟中，另有一番樂趣。

那次的經驗，讓我覺得，其實郵輪和單車是絕佳拍檔。郵輪負責長程移動，短程的移動則可以結合單車。笨重的行李放在郵輪上，白天可以輕鬆騎行。而經過單車運動之後，郵輪豐盛美食剛好可以補充體力。不妨可以考慮，帶摺疊式自行車去搭郵輪，雖然不能保證每一站都適合騎車，但可在旅程其中幾站體驗騎行。

因為距離的限制，單車未必能到達知名的景點。但它的優點是貼近生活，可以跟當地人互動。很多大型碼頭有管制區，通常要先將單車摺疊打包好，搭船公司或港口提供的接駁車，到市區再開始騎車。但若是大城市，交通安全是第一優先，盡量不要與汽車爭道。建議事先上網了解港口城市地形、有無既有的單車道可以運用。

如果沒有把握，很多郵輪的岸上觀光選項中，也包含一些單車一日遊，如我看過阿拉斯加棉田豪冰河景觀單車之旅、巴塞隆納單車之旅，通常是由當地導遊帶領，路線規畫完善的單車行程，可以先從報名這樣的行程開始。

船上我最愛的角落

一站上去,我就忍不住把手張開來。
突然,我發現我擁抱了整片海洋,內心激動澎湃。

乘船過蘇伊士運河。站在船頭,總有種領頭航向未知的冒險感。

在郵輪上，有一個地方，是我最愛的角落，那就是船頭（bow）。

猶記得我的第一趟郵輪是 2005 年搭荷美航運的威士特丹號，走歐洲首都全覽航線。那趟旅行最美的時刻，發生在北海那天黃昏。

我一直很好奇，船的最前端，到底是什麼樣子。那天我研究著船平面圖，推開了多扇門，就獨自走到這區，四周沒有其他乘客。

如果你看到這樣尖尖的船頭，你會想要走到哪裡？當然是最前端！走到前端，就發現可以稍微站高一點看海，自然而然就站上去。

站上去之後，猜猜看，你會想要做什麼動作？

我就忍不住把手張開來。突然，我發現我擁抱了整片海洋。在一艘超大船艦的尖端，看著船這樣破浪，浪花不斷翻開，海鳥在四周飛，風在耳邊吹，寧靜的天空，無邊的海洋！好熟悉的感覺，是我最愛的大海，我的內心激動澎湃，有一種正在冒險的感覺。而岸邊的起重機，看起來就像在草原上奔跑的長頸鹿，見證著我的感動。

好棒好美的感覺，我突然很想大喊！「喔～喔～喔～」

我真的大叫了，太過癮了！我愛航海的感覺！！太浪漫了，我想征服這片大海！耳邊彷彿響起一個熟悉的電影主題曲旋律～～我忍不住哼起來，沒錯，就是《鐵達尼號》主題曲。

可惜，回頭一看，「傑克」怎麼沒有來。

事後，我才知道，正在船橋開船的長官們，看我忘我的激動演出，正笑彎了腰。

然後有一天，當我打開房間電視，看到有一台是 24 小時轉播船頭的攝影機畫面，

船頭的動態全部一清二楚，不知道當天有多少人，在房間看到我表演「蘿絲」呢！好囧。

有些船的船頭，配置的則是直升機停機坪。通常在緊急情況下會使用，例如船上有乘客生病。而我在 2008 年第二次走巴拿馬航線時，在精緻郵輪的無極號上，聽船員與乘客說，有個外國家庭沒趕上郵輪，在舊金山港口，還包直升機追上郵輪，降落在郵輪前端的甲板上，可惜沒有親眼目睹。

後來，只要一上船，我幾乎都會想辦法去船頭看看。

我發現，不是每艘船，都像荷美有尖尖的船頭。很多的船頭是管制區，不允許乘客進入，僅能從較高樓層拍照。但只要通過重要地標，我一定會想辦法到船頭。像我在皇家加勒比的海洋榮光號上經過蘇伊士運河，在帝王公主號上經過義大利鞋跟的墨西拿海峽，都是很美的回憶。

近年來，很多船公司的官網，如公主郵輪，還有很多網站，現在都可以即時連線觀看船頭動態，不航海的日子，也可以好奇地神遊一下。

精緻郵輪星座號船頭的停機坪。

海上學院

遊學半年學語言,還是環遊世界坐郵輪 120 天?
如果本身不是要留學拿學歷,當然選環遊世界郵輪。

海上學院的高級住宿環境。圖為帝王公主號。

「要選英國遊學住半年學語言，還是環遊世界坐郵輪 120 天？兩者花費差不多！」

這是有次我社大的學生，一位滿年輕的退休族，向我提出的疑問。

本來她很想到英國定點遊學 long stay 居住半年，參加當地課程學英文；但聽完我的社大的一堂郵輪課程，其中介紹世界上有很多可以一口氣走完環遊世界的 world cruise 郵輪，平均大約 120 多天，有的船票數十萬台幣起即可搭乘。她很掙扎，到底應該去遊學，還是乾脆選環遊世界郵輪。

我回答，如果本身不是要留學拿學歷，當然選環遊世界郵輪。

船上每天都有五十幾個以上的英文活動與課程，還有很多乘客與船員跟你練習對話，是無限制吃到飽的語言課。到一般全英文的船上，自然就可學英文囉～效果應該比課堂好。

如果把郵輪想成一所學校，這間學校，不但安排好學生的住宿，還是附贈健身房泳池等高級飯店式住宿，每天有專人打掃房間兩次，每日學校餐廳供應五星級各國料理美食，都已包含在學費內，讓學生可以專注在學習。學校裡的學生來自世界各國，各年齡層都有。不怕交不到朋友會孤單。

事實上，因為全校一千多名學生都住校，所以學員間朝夕相處，感情特別深厚，非一般遊學只上課見面，所能比擬。

學校課程包含全球文化介紹課程、各國語言學習、藝術、音樂史、品牌、寶石鑑賞、調酒、瑜伽、皮拉提斯、各種國標舞，並且每晚邀請安排世界級的藝術家，到校表演，包含魔術、雜耍、音樂劇、古典樂、舞蹈、唱歌等。

然後這個遊學每個禮拜有安排兩、三天以上的校外教學，讓學生到世界各國城市一日遊，親自體驗當地文化。

基於以上種種理由，如果想到高物價的地方 long stay，那不如到一艘郵輪上 long stay。不一定要一口氣環遊世界的船，長天期的郵輪都有同樣效果。

也許你覺得這個想法太大膽。但根據我這幾年在郵輪上的觀察，郵輪上的精采課程還真不少。郵輪每到一區，都會邀請該地區非常具有聲望的教授、專家上來開設系列講座。每天都有幾堂講座，課程也都盡量深入淺出。基本的每個港口旅遊導覽、文化風俗課程介紹之外，我還看過分析世界石油與經濟、中美洲咖啡文化、殖民歷史、雨林生態、文藝復興藝術史、大陸板塊漂移學說、中東現況分析、大航海的歷史、南極科學站科學家講座、阿拉斯加原住民講述傳統與家族故事……有次，公主郵輪的鑽石公主號在阿拉斯加朱諾，甚至邀請首位「伊第特洛便道雪橇犬競賽」女性冠軍 Libby Riddles 登船演說。

每到一個地區，都有該地區語言課程教學，西班牙語、阿拉伯語、義大利語、葡萄牙語、俄語……讓成員現學現用。文化體驗課程也很多，例如在 2016 年荷美航運北太平洋航程，因船將開往日本，也邀請一群日裔美籍教師，上船教授各種日本文化課程，如茶道、日語、唱日本歌（如〈紅蜻蜓〉）、跳仙台民謠舞、和服試穿。我們混在一群老外當中一起學跳日本舞踊，真是有趣的經驗哩。

冒險家 Libby Riddles 的演講。

我最難忘、最喜歡的課程，是在藍寶石公主號的亞洲航段上，由駐船作家 Gail Endelman Small 上船開的創意寫作課，這一系列課程我都捨不得缺席。她曾在美國多所大學任教長達 35 年，也獲得很多組織邀請開授溝通、創意、自我成長、寫作課程。課堂上有很多寫作創意練習，例如，有一次，老師要我們講出對「泡泡」的想法，答案從泡泡浴、泡沫經濟、脆弱、膨脹、童年、「人生就是泡泡」等非常多元，老師自己則說「如果有一天泡泡不會破，就可以帶我到任何地方」；另一天，我們從一個小丑卸妝後的真實人生，開始發揮想像講故事；還有一次，她準備了很多牙膏，大家一邊擠牙膏一邊說故事——創作就像擠牙膏，每個人擠出的方式都不同。她要我們專注在生活，每一天觀察新的事物，並且為樂趣而寫

在長崎有知名聲樂家上船表演《蝴蝶夫人》。

作。當時我也把拙作《新環遊世界 80 天》送給她，她還大大鼓勵了我一番。

郵輪可邊旅遊邊學習的特性，已經有很多人實際運用來組織「海上學院」。我在公主郵輪亞洲航程裡，就曾遇到有美國丹佛大學的教授 C. Michael Sunoo，帶著一群商學院的學生進行海上課程。他們在船上一面上課，一面體驗亞洲各地文化，學生也不乏商界人士。不知道台灣的大學，或是 EMBA 學程，未來是否也有可能組織海上學程呢？

海上明星臉

國際郵輪對表演安排一向十分用心，
船上常有很多表演者或藝人，還有許多精心準備的歌舞秀。

相似度極高的麥可‧傑克森。

國際郵輪對表演安排一向十分用心，船上除了一般工作人員外，常有很多表演者或藝人。其中，我遇過幾次，長得像知名巨星的超級明星臉，十分有趣。

比如，2012 年在歌詩達維多利亞號船上，我就看了來自拉斯維加斯的表演者 ICE 演出麥可‧傑克森模仿秀，惟妙惟肖；而 2015 年藍寶石公主號，巴西舞蹈老師 Nat，神似好萊塢巨星馮‧迪索，是個「師奶殺手」，我曾看他和女乘客大秀電臀熱舞（twerking），雙方你來我往，互相挑釁，出神入化的超級電動馬達炫技，把氣氛炒到最高點；2016 年在皇家加勒比的海洋榮光號上，則有一組模仿披頭四的表演團體，令我這個披頭四迷十分難忘。

最印象深刻的是 2016 年的荷美航運北太平洋航程，烏克蘭舞者 Dennis，看起來很像好萊塢明星阿湯哥。他連自我介紹都故意講錯：「Hi, I'm Tom...」，逗大家笑。剛好這艘船的舞者，也有另外一位英國女孩，長得神似妮可·基嫚。真是巧合！

我一向對於這些表演者的生活感到好奇。這次北太平洋航程安排了後台之旅，恰好有機會和他們一聊，覺得十分有意思。

這些舞者真是硬底子工夫，歌舞秀常常出現超高難度的特技動作，讓我懷疑他們是否是體操選手出身。從後台之旅得知，阿湯哥他才 21 歲！已在郵輪上待了三個合約期，他和舞群內另一位烏克蘭美女是一對。舞群內還有英國女生妮可·基嫚、俄羅斯男生等，他們都是主動應徵此工作。荷美把這些應徵者集合到英國特訓六週，學會五個自製歌舞秀，每個人上船簽約期是七個月。這是一個可兼顧旅行的好工作，除了彩排與跳舞，幾乎所有時間都是自己的，唯一要注意的是得遠離自助餐，避免身材變形。

阿湯哥的精采演出，讓人不禁捏一把冷汗。

大家也好奇地提出問題。例如為何舞者可以換裝如此快，是否有人幫忙？他們也幽默地回答，一切都要靠自己，服裝設計穿脫簡單，若有人想幫忙換衣服，歡迎報名當志工。另外，大家也很關心是否表演會出錯，甚至受傷。舞者說，曾有差點跌倒經驗，若出錯會若無其事地繼續表演，萬一受傷，會變換隊形跳舞；歌者若倒嗓，可以放錄音對嘴。還好目前都沒發生過。

這艘船的舞蹈課程，全部都是由秀場的舞者兼任老師。這些俊男美女舞者讓跳舞課變成一大享受，我都不想缺席。船上也特聘很多短期表演者。有一位蘇格蘭踢踏舞王的御用美女小提琴手，表演一段倒吊起來拉小提琴絕技，簡直是出神入化。

大型郵輪在長天期的航程，都會有幾套自製歌舞秀（production shows），通常是百老匯式的大型歌舞，就算沒有明星臉，也都使盡各種絕活。這些表演的歌手通常唱功驚人，不管合唱或獨秀都能收放自如。舞群必定是俊男美女，總不吝惜展示身材，而精緻郵輪星號的深夜大型自製秀，更是遊走性感邊緣但不裸露。除此之外，還常有特殊創意。例如公主郵輪喜歡將特殊道具搬上舞台，2014年藍寶石公主號就把一部粉紅凱迪拉克跑車搬上郵輪當作布景。搭配後面畫面變化，看起來像主角們開著車環遊各地。2015年帝王公主歐洲航線，甚至還把飛機搬上舞台，呈現大時代軍官與淑女的愛情故事。這些郵輪秀力求亮眼、搶眼，為了吸睛大費苦心，實在令人嘖嘖稱奇。

郵輪歌舞秀聲勢浩大。演出賣力外，
奇招盡出。跑車搬上船也不太意外了。

神祕的郵輪總統套房

平常這樣的套房，在官網是不顯示出價格的，
感覺是低調且神祕的頂級服務。

高級套房的空間按機能切分得很清
楚，就算是航海，生活品質也不打折。

在我的郵輪經驗中，有機會見識到了兩艘船上最頂級的套房，俗稱總統套房。

第一次是在 2005 年的歐洲首都全覽旅程中，當時來自台灣的旅客中，有兩對夫妻選擇入住，荷美航運威士特丹號上唯二兩間，最高等級陽台套房 Pinnacle Suites。16 天的航程總花費超過台幣百萬以上！

平常這樣的套房，在荷美官網是不顯示出價格的，感覺是低調且神祕的頂級服務。

當時預定這兩間總統套房的貴賓彼此熟識，一位是台灣房地產業重量級人物，一位是運輸服務業大亨，兩位都是白手起家的企業家。他們為人豪爽熱情，行事作風非常海派，也曾經多次邀請同團夥伴們，到總統套房內宴會聊天。也是因此，我才得以一窺這種套房的神祕風貌。

一進到其中的感覺是分成很多區域，總共 31.53 坪的空間中，臥室、起居室、更衣室、工作檯、吧檯、餐廳、浴室、客用洗手間、陽台應有盡有，客廳具有全套音響設備，浴室有超大浴缸與乾溼分離淋浴設備。每一個空間也都配有面海的大窗，讓人隨時可欣賞到海景。臥室配有 King Size 大床，配上鵝絨被與枕頭，外加客廳二人沙發床，即使全家入住也沒有問題。

特別的是，陽台上還配備有一個大型的按摩浴池，具隱私性的空間設計，讓總統套房的主人可以享受一邊泡按摩澡，一邊看海的樂趣。

服務方面，除了上下船有專屬櫃台之外，總統套房並且擁有自己專屬管家，24 小時隨時待命。房中印上私人名字的信紙文具組、免費送洗衣物服務、免費使用水晶酒廊的餐點與飲料，房內酒吧無限暢飲，及無線上網服務。

登船之後，船長室的高階長官也曾多次造訪此兩組家庭的貴賓，大副甚至代表船長，主動邀宴共餐，可以感受船上對總統套房住客的高度重視。

第二次是在 2015 年的藍寶石公主號包船的航程，有機會進到該船最頂級的至尊

藍寶石公主號的至尊套房客廳，招待訪客十分方便。

套房 Grand Suite with Balcony 。

這個套房面積 37.2 坪，還有 12.7 坪的大陽台。住在裡面，可以免費使用上網、洗衣和乾洗、免費迷你酒吧等多項服務。並有高級浴袍、船卡皮夾、免費 DVD 片庫，也可使用蓮花 SPA。

每天船上供應水果點心、房間內下午茶、連客房服務菜單都是升級版，貴賓還可免費到莎芭提妮主題餐廳享用早餐，也有優先上下船等禮遇。

如果一家人出遊，有四個人，航程不太長，有時真的也可以看看頂級的套房。因為套房面積通常很大，有沙發床，一家人住下來，非常寬敞舒適。

像我的友人趙氏夫妻，自從跟我去過郵輪，也搭船上癮。最近體驗了一趟皇家加勒比的海洋航行者號的亞洲航線，一家四口入住該船的皇家套房 Royal Family

Suite，三十多坪的大空間內，客廳還有鋼琴，陽台有按摩浴缸。他們發現四個人平均下來，費用跟兩間陽台艙差不多，但所受到的待遇規格，簡直是天地之別，至尊套房簡直享受極了！

一邊泡湯一邊看海，這是總統套房才有的樂趣。

台灣客專屬的包船行程

全船都是台灣旅客,沒理由飛到國外上船,
出國不一定要搭飛機,搭船遊覽各地,已是很普遍的玩法了。

停靠基隆港的藍寶石公主號。

台灣早期除了麗星郵輪，沒有郵輪固定停靠。台灣人想要搭一般國際郵輪，就必須是用「fly cruise」方式，先搭飛機到其他國家，才能上船。早期，我曾帶過東南亞郵輪團，通常是從臨近的香港或新加坡碼頭出發。尤其是新加坡出發的船頗多，曾走過星馬泰多點的行程，也有走馬來西亞的蘭卡威、檳城等地。

2014 年 1 月，台灣有幾家大旅行社，開始合作東南亞「郵輪包船」，如歌詩達維多利亞號，由旅行社付錢將整段航程包下來。這些包船航程不開放給國際旅客購買，只透過台灣各大旅行社通路銷售。後來 2014-2015 年，隨著台灣人對郵輪旅遊接受度越來越高，台灣幾個大型旅行社，開始投入東北亞郵輪「包船」，如公主郵輪的藍寶石公主號。不同的是，既然全船都是台灣旅客，沒理由飛到國外上船，當然請船公司直接以基隆為母港出發。

台灣包船的季節常在每年 4 月開始到 9 月初，尤其是母親節前後最熱門，因為很多人會將郵輪之旅當作母親節禮物，全家出遊。我們好似水手，每年季節一到，就會上船工作，所以同事們都戲稱這是旅遊業的「討海人生」。

我發現船公司對台灣出發的包船行程，的確下過一番工夫。以藍寶石公主號為例，除了郵輪總監刻意選擇會講中文的外國人；華語的美女主持人 Tina 更是主持船上大小節目，連廣播也都是她字正腔圓的聲音；船上所有日報也中文化。除了日常基本事務外，最讓我感動的是，當晚間百老匯大型歌舞秀演出時，兩旁字幕同步翻譯歌手所唱的歌詞，這一點真的頗有誠意。

至於包船都走哪些港口呢？通常有底下這些。

東南亞路線

東南亞路線一般是從香港出發的包船行程。必遊景點是有海上桂林之稱的下龍灣，島上的鐘乳石洞，與海上的巨石，饒富奇趣。海南三亞的南山佛教園區，能夠看到巨型的南山海上觀音像，是佛教徒朝聖最愛。著名的「天涯海角」海南島

也是重要景點，古代大文豪蘇軾曾被貶官到此地，飽受折磨。但今日的海南島已非常繁華，堪稱度假天堂。尤其郵輪停在港邊，看著鳳凰島酒店七彩 LED 燈的夜景，令人印象深刻。

東北亞路線

從基隆出發的包船航程，大都是走東北亞日韓等地。日本剛好是銀髮族與小孩最愛，全家出遊不用跑遠，親子能好好共享時光。還有，台灣人「愛買日貨」一向出名，加上郵輪行李「無限重」特性，簡直是一拍即合。常常遇到旅客急著趕快要參觀完景點，好多些時間「大血拼」購物。每次看到退稅櫃台前大排長龍的景觀，都覺得該被列入「世界第八大奇景」。

日本常見的停靠點有：長崎，是日本最早開放對外通商的港口之一，在此可以體驗和洋初交會的風情、追悼原子彈轟炸的悲傷歷史；古代的薩摩藩鹿兒島，火山活動頻繁，在這裡可以欣賞美麗的園林造景、對著日本的火山灰產品嘖嘖稱奇；海島沖繩更是適合帶小朋友同遊，水族館、海灘等幾乎都被台灣旅客佔領了。韓國釜山，也是熱門的停靠地點：我喜歡到札嘎奇魚市場附近看看各種特別的水產漁獲、品嘗海鮮小吃等，或到龍頭山公園眺望市區景致；也可以由此遠征慶州，來趟世界遺產之旅。除了這些，也有很多包船將臨近北京的天津新港、上海等地納入旅程。

台灣包船的停點，也越來越廣及日本各港口，例如到大阪、神戶、別府、高知、宮崎、廣島等地。天數也越來越長，例如在九天裡面走五個日本港口。若是傳統旅遊，要在日本這麼多城市間移動，也頗昂貴耗時，此時就凸顯出郵輪的優勢。旅行社也安排知名藝人上船表演、舉辦海上學院、搭配靠岸趣味路跑等活動來加值旅程。

所以要出國不一定要搭飛機，搭船遊覽日本韓國各地，已經是很普遍的玩法了。

沖繩港口的迎賓大鼓表演。

外國郵輪客看台灣

我透過歐美人的觀點,檢視他們心目中亞洲的形象,
了解我們在文化、旅遊世界中的位置。

帶著丹佛商學院的年輕人品
嘗基隆小吃。

如果你剛好有機會，搭一艘郵輪遊覽亞洲各地。在全船幾乎百分之九十以上都是歐美乘客的船上，透過他們的觀點，你會發現很多有趣的事。

2007年、2012年，我分別走過兩次亞洲全覽型航程。一次是從天津走到泰國曼谷林查班的藍寶石公主號，另一次則是從香港北上到天津的鑽石公主號，這兩條航線都是沿途停靠亞洲多國各港口，且停點都有包括台灣基隆港。這兩趟旅行特別之處，是我重新透過歐美人的觀點，檢視了他們心目中亞洲的形象，了解其在文化、旅遊世界中的位置。

很多人會覺得，船行其中一站停靠自己國家，是一種浪費。但我覺得，這是個絕佳的國民外交機會。一上船，我就開始跟船上認識的外國朋友介紹台灣。我自己也有英文導遊執照，很好奇郵輪客靠岸都做何安排。我發現全船大致上分為兩類，參團與不參團。參團者當然是報名船上的岸上觀光，其中約七成選擇走台北101、故宮博物院、保安宮、中正紀念堂等經典行程。但也有少數選擇九份金瓜石小鎮之旅、陽明山溫泉與野柳之旅等非主流行程。

不參團的人，又分成台北派與基隆派，有人早早就做好功課，搭火車到台北展開一日探險。其中很多人想買台灣的3C產品，我在紙上幫他們寫下了光華商場等中文資訊。

也有不少人選擇就近在基隆港遊覽，尤其是放假時間短暫的船員。雖然我覺得以基隆港稍顯老舊零亂的市容，留下他們對台灣的全部印象，似乎容易以偏概全，但港務局有動員許多親切的大學生提供諮詢，還有提供免費網路服務的部分，仍獲得許多好評。

而離基隆港不遠的「中正公園觀音像」，意外地也很受外國人歡迎，也許是因為那象徵神祕的東方信仰。回船後，遇到來自澳洲的一對夫妻Mark和Vicky，興奮地跟我分享，他們在台兒漫步時發現一家咖啡廳，咖啡很好喝，蛋糕也很美味，且非常便宜──一問之下原來是「85度C」。返回基隆時，他們也非常靈活地找到基隆廟口夜市，可惜因為害怕腸胃不適，一路只「觀看、欣賞」，一樣東西

也不敢吃。原來很多人只敢嘗試熟悉的事物。

2007 年靠岸基隆時，我曾把握難得的國民外交機會，帶著三個船上認識的丹佛商學院學生，到基隆廟口吃鼎邊銼和奶油螃蟹，喝台灣啤酒，他們都直呼過癮。後來我第二次走這航線時，和團友陳氏四姐妹們，還特別帶船上的一群猶太裔美國朋友，到基隆最高大樓裡，知名海鮮餐廳享用美食，其中以「生菜蝦鬆」混合油條且包裹生菜的獨特口感最受歡迎，新朋友讚不絕口，當他們知道滿滿一桌豐盛的海鮮，竟然只要每人約十美元左右價格，都大感驚訝，直呼台灣真的是美食天堂。而結帳時發現四姐妹中的伶伶姐，竟已經悄悄買好單了，台灣人的好客友善，是深植在靈魂基因中的。

離港前，基隆港特別安排舞龍舞獅陣頭，精采表演博得滿堂彩。然而三年後第二次離港時，僅聽說有「三太子」到港邊歡送，與先前的排場頗有差距。不知外國人能否體會三太子代表的意涵。

反觀亞洲其他各站，沿途多站有美輪美奐的航運大樓、幾乎都有免費接駁車到市區、港邊還有各種特殊歡迎儀式，例如沖繩的大鼓儀式、韓國大合唱表演……有次長崎除了提供表演，市長還親自上船，致詞中強調長崎港為了能讓大型郵輪能通過，2005 年特別建造了女神大橋，展現長崎接待郵輪的用心。

站在乘客觀點，我覺得基隆港在軟硬體可再更用心，畢竟這些旅客可能一生僅會造訪台灣這一天，總希望他們能留下最美好的回憶。

我那次透過西方人看亞洲經驗，也深刻感到，觀光客常滿足於符合當地意象的事物，很難跳脫刻板印象的制約，就像台北 101、越南國服、泰式按摩、新加坡魚尾獅、北京長城……這些所謂「必看」元素，或者異國風情，很容易得到滿足。一般人似乎也不想知道更多，或許在短時間內也無能為力。但這些是否都是片面「假象」，和當地的真實差得遠呢？

就像在公主郵輪有個自製大型秀「Port of Call（停泊港）」開端：歐美人手提一

袋袋購物袋、舞者戴越南斗笠者跳著百老匯舞步、戴著瓜皮帽表演少林功夫、道貌岸然的英國士兵突然大跳踢踏舞、黑人舞者扮成中東阿拉伯王子、到俄羅斯就集體跳芭雷、到澳洲穿得像鱷魚先生手抓假鱷魚，後來還出現阿拉斯加灰熊跟淘金女郎大跳康康舞。換裝之快、走位專業，讓人目不暇給，也把觀眾逗得笑聲不斷。這個歌舞劇其實滿有諷刺的意味，把全世界都消遣了一輪呢。

台灣，究竟留給外國郵輪客什麼印象呢？值得深思！

在知名海鮮餐廳宴請外國貴客。

好險是搭郵輪

郵輪由於船公司保證,具有「簽證簡便」的優點,
上下船流程簡化外,還有不少好處。

突尼西亞的西迪布賽德——台
灣旅客若不是搭郵輪,可得費
上好一番工夫才能看到這美景。

郵輪具有「簽證簡便」的優點，由於船公司保證，通常上下船的流程也會簡化。好處還不只如此，有一個親眼見證的例子，是發生在 2006 年巴拿馬航線時，當時我跟著團體去採訪。有一天，在墨西哥的阿卡波可（Acapulco），就在大家聚精會神觀賞懸崖跳水表演時，同行的一位台灣太太，離開座位約莫兩公尺走到露台邊拍照，五分鐘後返回，座位上的名牌包包已不翼而飛。裡面有護照和數萬元台幣現金。當時旅程才進行到三分之一，墨西哥之後，還有尼加拉瓜、哥斯大黎加、巴拿馬、哥倫比亞、牙買加、巴哈馬、美國等國家。

若是陸地旅行團，遺失掉護照的那個國家，應該就是旅客旅程最後一站，因為要補辦護照可能會曠日廢時，我有一位朋友，在南美玻利維亞曾經掉護照，後來在當地停留 14 天，才補辦成功。通常，只能到駐外使館去辦理臨時的回國證明。臨時證明不是正式護照，是不可能再前往其他國家。還好此行是搭郵輪，後面六個中美洲國家，在郵輪公司保證的情況下，旅客仍能下船繼續遊覽。經過領隊王小姐不斷聯繫處理，到最後美國下船時，則有駐外人員親自來到羅德岱堡港口邊協助，核發文件，最終仍順利完成旅程。好險，是搭郵輪！

另外，許多地點搭飛機需要辦簽證，但搭郵輪卻有船公司保證，可以輕鬆免簽造訪，這點對我來說很受用。

俄羅斯簽證很嚴格，但如果搭郵輪走波羅的海，會停聖彼得堡；或是部分東北亞航線，則有停靠庫頁島科爾薩克夫。這兩個俄羅斯港口，若旅客是報名參加船上的岸上觀光行程，就可以免簽證入境俄羅斯。以一般旅行方式去阿曼王國需辦落地簽，但搭郵輪不需要辦理。斯里蘭卡，台灣旅客需事先申辦電子簽證，但郵輪客得以免辦簽證。搭飛機入境土耳其，需辦電子簽證。但如果像我之前搭船走東地中海郵輪，中間停土耳其的兩個港口各一天，則輕鬆免簽可造訪。北非的突尼西亞簽證辦理難度高，但若參加船公司辦的岸上觀光，在船上辦理填表，也可以免簽入境。

以上都是我或身邊好友，親身經驗過，覺得還好是搭郵輪的地方，但很多簽證規定會改變，出發前宜先跟船公司事先確認喔！

郵輪領隊任務大公開

郵輪團領隊工作好比鴨子划水，水面上優雅，
水面下可是拚了命地在划動，一點都不輕鬆呢。

有堅強的領隊陣容，才能帶給
旅客美好的回憶。

很多人對於帶郵輪團領隊，有著不切實際的想像，認為我們大概每天都躺在游泳池旁邊曬太陽。曾經有次美國導遊送我上加勒比海郵輪時，很羨慕地說，從現在開始，你可以下班度假囉！

聽到這樣的說法，我都會笑笑。郵輪團領隊工作好比鴨子划水，水面上優雅，水面下可是拚了命地在划動，一點都不輕鬆呢。

出發前要上網登錄預刷船票，仔細備齊所有文件，通常登船的那天是領隊耐力大考驗，在前往碼頭車上要抓緊時間清楚簡報。到碼頭後辦理登船手續、拿船卡並設定付款方式。上船後先帶團員去用自助餐。此時我一定會穿最好走的鞋，通常要以跑百米的速度，自己去和餐廳經理確認晚餐座位、和客服主管確認團體細節、到岸上觀光櫃台報名行程、參加救生演習；再集合帶旅客做郵輪設施導覽、巡房處理房間問題、協尋未到行李；然後帶旅客去用晚餐、菜單翻譯與點菜協助；餐後引導旅客去看秀，之後忍著時差，還要翻譯日報表，並準備明日下船事宜……

箇中最辛苦的，應屬翻譯郵輪日報表。因為白天帶團忙完一整天緊湊行程之後，每天大約晚餐後八點左右，才能拿到隔天的日報表，滿滿四大頁密密麻麻的內容，開始翻譯工作。偏偏個人又很堅持，一定要給團員完整清楚的翻譯。這時常常要跟睡魔搏鬥，嚼口香糖、喝咖啡、懸梁刺股……什麼提神方法都用上，還是常常敵不過想睡的需求。後來也乾脆發展出先小睡片刻，再起來工作的模式。但每每在深夜的船上，走著長又長的走廊，發著日報表，其實心中都是充滿感恩的。把日報表塞進門縫時，我會順便幫各團員禱告。

如果是海上日，從早到晚，我會約團員參加各種船上活動、體驗不同餐廳、使用各種設施，有時也會自辦活動，例如講座、卡拉 OK、彩繪、甲板健走等。郵輪是自主性的旅行，通常活動參與度越高，滿意度越高。

靠岸時，若團體有安排好的行程，要留意郵輪碼頭是否管制區；事先提報船方遊覽車車號或要搭接駁車出去會合；事先了解下船後步行距離多遠，團內若有長者或輪椅客人能否勝任。沿途車上要翻譯導覽、講解補充，講笑話炒熱氣氛，注意

後方有無團員掉隊、提醒嚴防小偷扒手、安排餐食與飲食禁忌、留心團員要找的名產或品牌、購物協助退稅；最重要的，是要控制好返船的時間，因為郵輪是絕不等人的。

我從 2014 年初開始，密集地登上台灣旅行社的「包船」。前幾梯我是擔任其中一家旅行社的「總領隊」任務。例如 2014 年 5 月的藍寶石公主號航次，我們公司出團六百多位旅客，有二十多位領隊，由最資深的領隊協助其他人。等所有人上手，我就是單純帶團。

因為領隊人數眾多，這樣的工作型態，和我以往單兵上船作戰非常不同，講求的是團隊合作、密集的溝通與協調過程。除了行前的沙盤推演、對客人的說明會、online check-in 刷船票、上船後的開會協調、現場危機處理、領隊任務分工等等都要協助。

要運作這麼多人上船，許多環節都是牽一髮動全身。如台灣與外國海關登船速度、靠岸景點與餐廳造訪順序，甚至分批下船次序，都不能輕忽，因為魔鬼常常藏在細節中。除了各旅行社之間的溝通，還有公司內部領隊們的分工。每天從晚上 11 點開始開會，之後還要發送日報表到每間艙房，隔天繼續帶團，並不輕鬆。還好幾次任務都圓滿達成。

沖繩常是任務最後一站，安排好客人各種行程的空檔，能夠在沖繩國際通吃一碗美味的拉麵，或是第一牧志公設市場點一客物美價廉的生魚片，甚至有一年順利完成所有工作後，主管號召辛苦的同事們，一起去「考察」一下日式居酒屋，都是難忘的「小確幸」。

討海人總是看天吃飯，有時也會遇到特殊狀況。2015 年藍寶石公主號母親節航次最令我印象深刻。當時遇到了紅霞颱風，原本的沖繩港無法停靠，臨時決定改停韓國釜山。加拿大籍船長是該航次新上任。他在香檳晚宴時，很淡定地致詞：願所有嘉賓有最難忘的航程，但我唯一的擔心只有天氣的問題，我們正密切注意最新的颱風動態。

船長言語中透露了即將更改航線的訊息，而領隊們也進入全員戒備狀態。為安全考量，船方當然有權也應該變更航線，但以往也曾發生旅客暴怒，集體痛罵工作人員的情況。該來的總是要來，果然一天後就宣布更改航線。還好經過我們溝通，全船乘客都非常理性，沒有發生集體大暴動，或是將領隊拋下海的情節（好像太誇張了）。甚至還有許多乘客很開心，覺得賺到呢！

感謝公司信任我，常把一些 VIP 貴賓安排在我團上。那次航程有一家人住在船上總統套房，我秉持一貫熱心用心精神來服務。結果在下船前，意外收到了一筆額外的高額小費，相當我服務一位環球團貴賓 60 天的小費。我很感動他們的慷慨，也深受鼓舞。在釜山，我利用空檔請領隊們吃韓式炸雞，感謝這群活力十足的同事，也慶祝釜山奇航平安落幕。

我的「討海人生」，就是由一顆顆數著每日艙房巧克力、一遍遍走過長長的走廊發報表、一聲聲以「女士們，先生們……」開頭的廣播、一天天開會累積的革命情感、一段段 walkie-talkie 對講機的工作指令、一位位旅客媽媽們的笑靨、一次次順利下崗的喜悅……所組成的難忘回憶。

郵輪各部門的人員是領隊的好夥伴。我喜歡與他們合影留念，好好記住一路上伸出援手的人們。

分段環遊世界

分段環遊世界,時間、費用有彈性,
也會比一口氣走環遊世界郵輪能造訪更多地方。

我搭的航線很多都是「重新定位航程」 (repositioning cruise,簡稱 repo
cruise),簡單來說就是指從不同港口上下船的航程。這是因為船公司需在不同
季節營運不同市場,為了要將船從 A 地移到 B 地,而產生的移動航程。因為不管
如何,船都得開到下個目的地,價錢常常比一般郵輪便宜。但安排不同點進出機
票難度較高,所以這樣的船也不容易客滿,常常可以撿到超特價船票。

這種航線有一種真正在旅行移動的感覺,像水手航行在大海,追隨冒險家的路線,
貼近不同文化脈動,見證古今世界變遷。其實 repo cruise 還有一個最大的好處,
也是我後來反覆選擇這一類航線的主要原因,就是它能串起「郵輪分段環遊世界」
的壯遊計畫。

綜觀我這幾年搭乘的郵輪,跨五大洲,總共 23 趟,整體累積搭郵輪的旅程含上
下船港口順遊,早已超過 300 天。若以單純環遊世界一周圓夢的角度,我搭過其
中幾段航程,剛好可以在地球上連成一個圓圈。包括歐洲首都全覽、巴拿馬運河、

郵輪加單車亞洲全覽航線、歐洲藝術之旅、蘇伊士運河、印度洋航線、北太平洋航線這七段，而 2017 年夏天，我也即將出發，完成我分段航海環球計畫的第八段，也就是最後一段——北大西洋郵輪，探訪冰島與格陵蘭等地。

這樣若把這八段加總起來，剛好能繞地球一周，以我經驗，總共包含上下船地點旅行天數約 159 天，其中七段航海加總天數 130 天，可跨 33 國 66 個不重複港口。

這樣看起來，會比一口氣走環遊世界郵輪（world cruise），能造訪更多地方，因為一般 120 多天的 world cruise，細數停留港口可能僅 20-40 個左右。分段的優點是可以選擇各家船公司停點最密集，船隻、價格與時間最適合的選擇，很有彈性，也適合無法一口氣花一百多天環遊世界的人。如果規畫得宜，理論上大約六七段 repo cruise，每段 20-30 天左右，就可以幫你達成環遊世界計畫。但也有缺點，就是需要很有決心執行，才能全部完成。多數人可能走了前面幾段，後面就一直未完成。

而船公司航線每年略有不同，我為了要把它接起來，也花費了一些心思，有一些港口也得重疊多走，例如走亞洲全覽航線，就包含了新加坡以及很多日本的港口。我本來預計想要一口氣從新加坡航行到羅馬，後來發現這樣走總天數會超過 30天，實在無法離家那麼久，長天期的船票價格也居高不下，結果這部分總共拆成三段，才銜接起來。

我一向不喜歡「插旗子、創紀錄」這一類的事情，但能將前後歷時 12 年，心中不時懸念的「分段航海環遊世界一周」的計畫，在我的人生待辦清單中一筆畫掉。有始有終，想起來就是件痛快的事！也算正式完成我個人第五趟環球旅程。

不容錯過的精采：分段環球航線精選

歐洲首都之旅：
不只有首都的
歐洲菁華

2005年9月，我隨著旅行社團體飛往歐洲，展開我的生平第一段郵輪之旅：從哥本哈根到羅馬的「歐洲首都之旅」。這一趟從北歐到南歐，15天航程內經過八國11城市，每天都身處全新的國度，實在是很能展現郵輪的特色和優點，也非常適合初次搭郵輪的旅行者。

這一團共有235人，算是超級大團，而我是隨團體一起上船採訪的身分，他們在巴士上為我留了一個位置，我可以自由決定，是否跟著團體同行。2004年剛環球自助旅行回來，習慣背包客旅行的我，除了以前工作時曾經參加過員工旅遊去日本，其實一次也沒參加過台灣的旅行團。當時我剛考取國際領隊執照，便也決定順便觀摩學習，看看資深的前輩們是怎麼帶團的。

郵輪登船初體驗

一抵達哥本哈根，可以明顯感覺一陣寒意襲來。我們先是造訪了新港和附近的小美人魚雕像。第二天，走訪了阿美琳堡（Amalienborg），在這座洛可可建築風格的城堡前欣賞了皇家衛隊的衛兵交接。隔天就登上荷美航運的威士特丹號（Westerdam）。

一登船最感新鮮有趣的，是遇到的人，尤其是船上的服務人員，他們大部分跟我年齡差不多。

荷美航運是少數擁有自己專屬旅館學校的船公司，想當然耳，船上的服務生一定受過專業並嚴格的訓練，但打從開始接觸，我就懷疑他們上課的課程內容一定都是些「如何騙取乘客的歡心」、「如何和乘客變成麻吉」、「如何背誦乘客的名字」、「如何逗乘客笑」……否則怎麼船上每個人都會用這樣純真無瑕的笑容歡

迎你？不行，這一定是騙取小費的伎倆，我得小心提防。

從第一天登船開始，正當我們這批新乘客到處遊走，欣賞這艘美輪美奐的 11 層郵輪時，這些服務人員已經好整以暇地在各個崗位等著我們，準備予以各個擊破……只聽到「Welcome aboard!」的招呼聲此起彼落，配上一朵朵燦爛笑容，全船頓時充滿了歡樂的度假氣氛。這些服務人員先是會親切地自我介紹，再問你的名字、打哪兒來、和誰一起來等等。好笑的是，第一天遇見一位菲律賓籍的服務生，他聽到我的英文名字是 Fiona 時，當場很興奮地打趣說：「Oh～ Fiona! I am "Shrek"!!」（還記得電影史瑞克裡面的公主就叫作費歐娜 Fiona 嗎？）

後來，這位搞笑的史瑞克先生（真名我已經忘記了）每天看到我，都不忘記遠遠

我搭乘的第一艘郵輪：荷美威士特丹號。威士特丹（Westerdam）的名字源自羅盤上的「正西方」，她和荷美航運其他三艘船，各自代表羅盤上四個不同的方位，分別是她的姐妹船如德丹號（Zuiderdam，正南方）、諾丹號（Noordam，正北方）以及歐士特丹號（Oosterdam，正東方）。

搞笑的史瑞克先生，來自菲律賓。

印尼客房服務員 Eddie，總是趁我出門，火速把我的房間恢復整齊。細心的他每天都用毛巾摺一隻不同的動物給我，大象、孔雀、猴子、蛇等動物輪番出現，每天都有新的驚喜！

荷美的餐廳門口，整艘船裝潢是走有點復古的古典風格。船上很多地方有擺飾骨董，是它的特色。

向我招手，喊道：「Hi～Fiona! Princess Fiona! It's me, "Shrek"!」把我逗得哈哈大笑，結果沒兩天，幾乎全船的服務生都知道我叫 Princess Fiona 啦！這個英文名字用了許多年，沒想到在這裡倒成註冊商標了。

船上的服務人員可說是小型聯合國，基層服務生多是印尼或菲律賓等國籍、中層活動人員多是東歐籍、船長與高階幹部則是荷蘭籍。

用餐時候，我們餐桌的菲律賓服務生總是能記得乘客的喜好，包括喜歡什麼樣的沙拉醬、牛排幾分熟等等細節；修長的領班穿著優雅筆挺的白制服點餐，再緩緩地遞上一盤盤精美佳餚的畫面，也成為餐桌上最宜人的風景。一時間真讓人宛如化身為 18 世紀的貴族般，回歸夢幻而浪漫的航海時代。

每天經過吧台時，裡面的服務生也會和我打招呼，聊起來之後，他們紛紛表示想學中文，可能是突然有這麼多台灣人登船的刺激吧！所以我的中文教學課程也交換到了很多杯免費飲料。每天下船遊覽後，返回郵輪時總會看到印度籍的安全人員溫暖的微笑，久了之後，竟有種回家的安全感！

不過根據我觀察，這裡面最讓我羨慕的職業是駐船攝影師，如果要讓我在郵輪上選一個工作，這是我的第一志願。還

上船前因為高人指點，特地準備的晚禮服終於派上用場。不過一向喜歡背包客式旅行的我感覺很不真實，心裡面一直偷偷把它當作另類的化裝舞會，玩得不亦樂乎。

記得第一次船長歡迎之夜，全船華麗盛裝，衣香鬢影，通往主餐廳的長廊，鎂光燈閃得像坎城的星光大道一般。西方乘客一般非常講究衣著禮儀，晚禮服、燕尾服，紛紛出場，首飾搭配也極考究，而來自亞洲的乘客就相對較隨性，大部分著洋裝或中式旗袍。

這艘船的兩位攝影師，一位是來自羅馬尼亞。每當有乘客跟他聊到「吸血鬼」，他總會幽默回說，他恰好就是其中之一。而斯洛維尼亞籍的攝影師，在船上工作已三年了，他說在他們國家找工作不容易，偶然間看到郵輪召募攝影師的訊息，後來憑著他攝影的技術被錄取，三年內幾乎走遍了歐洲、阿拉斯加、美加、中南美洲各地。攝影師在船上也頗受尊重，因為販賣照片可是船上的重要收益之一；他們不用像服務生負擔辛苦勞務，也不像管理階層責任重大，卻可以天天跟乘客互動交朋友；靠岸時更是理所當然必須下船觀光，因為要製作紀念 DVD 光碟。可以天天接觸攝影和美景，環遊世界還可賺錢，你能想像更理想的工作嗎？

奧斯陸　維京船博物館

第二個停靠港口是挪威的奧斯陸。講到奧斯陸，就離不開海盜與航海的歷史。比格迪半島的維京古船博物館，陳列著三艘千年大型維京船。其中神祕的奧塞貝格號（Oseberg），線條優美，船身有細膩的雕刻，船頭刻有蛇、鳥、馬等動物圖騰。是 9 世紀的奧塞女王過世時的墓葬船。從出土物品，包括紡織品、裝飾品、木

雕、雪橇等，可以了解當時的生活。2010 年挪威奧塞貝格船舶建造基金會，甚至重新打造了一艘仿製重建的船 Saga Oseberg，證明這艘船真正能夠航行，而非僅是墓葬功能。我一邊參觀，一邊聯想到兒時《北海小英雄》卡通。

神祕的奧塞貝格號。

走出戶外，陽光照了下來。在北歐，只要陽光一露臉，每個人都有好心情，賣軟糖的甜姐兒，露天咖啡座喝著啤酒的型男，每個人都露出了燦爛的笑容。

郵輪新鮮人的航海日

這一趟航程共有三天是海上日，出發前我還擔心海上生活會無聊，特地往行李箱內拋入多本小說，後來證明多此一舉！因為船上琳瑯滿目的設施和活動，讓我根本無暇閱讀。甚至，每天都覺得時間不夠用。

這天船整日航行在北海，我特地起了個大早，到甲板去看日出。然後去參加健身房內免費的伸展課程。流了點汗後，我一邊在自助餐廳吃著早餐，一邊拿著筆，認真的圈選日報表上我感興趣的活動。

每個小時都至少有三四個活動可供選擇，我到底該去看九點的烹飪教學、藝術導覽，還是九點半去學跳恰恰，或是港口講座……十點有益智猜謎、橋牌玩家聚會、手工藝創作、珠寶鑑賞課程……算一算，整天有超過 50 個以上的活動，對了，還有好多設施都沒體驗呢，要不要去游泳或三溫暖 !?

最後我預約了一個可以邊看海的 SPA 療程，是船上很少數要自費的項目，但做完卻感覺有點失落。因為當熱石與精油打開血液循環後，浪濤聲搭配上芳療師柔中

首次航行中匆匆路過的泳池。後來我漸漸才學會，放慢速度，少就是多。每次航海，都要有一天，什麼都不做，就是拿一本喜歡的書，靜靜的在甲板的躺椅上，看到睡著，那才是真正的放鬆。

帶勁的指法，我感覺就像是被水草輕輕拍打的熱帶魚，隨水波搖晃，然後就不小心睡著了，醒來有點懊惱，好貴的一覺啊！

而我這次跟著旅行社超級大團來採訪，共有 235 位旅客登船，為歡迎此全船最大團體，威士特丹號的荷蘭船長，還專程在看得到海景的鴨巢酒廊，為來自台灣的客人舉辦「Welcome Taiwan 船長迎賓雞尾酒會」。船長致詞時幽默地表示：「非常榮幸有這麼多的台灣貴賓來到威士特丹號，由衷歡迎，並相信各位會有一段難忘的旅程。很抱歉的是，船上許多服務使用的是英文，可能會讓部分旅客感到不便。所以如果未來各位貴賓有不懂的地方，我很樂意為您翻譯——翻成荷蘭文。」語畢引起哄堂大笑。團員們並把握此一難得的機會，一一與船長合影留念。

晚餐後的 show time 是每天重頭戲，一千多人座的表演廳座無虛席，絢麗奔放的百老匯歌舞、live band、魔術等，令人彷彿置身海上拉斯維加斯。我愛看表演！

我的第一趟郵輪生活，比想像中的忙碌太多了。和以往自助旅行相較，搭郵輪不用操心吃住，不用打包換旅館，取而代之的是很多好玩的課程，如果我要花錢去國外遊學，課程還未必有這麼豐富。好奇又貪心的我，常每個都想去，只好趕場趕個不停。

單身派對終結孤單

但是到了第三、第四天，我突然覺得有點惆悵。我單獨上船，雖然身邊有 235 人的超級大團，在團上卻覺得滿孤單的。其他人都是一整個家庭，一對對上船的，我連要打個桌球都找不到伴。團上跟我年紀差不多的人，也是都跟家人來的。那時忽然覺得一個人去玩郵輪其實不好玩，因為有點 lonely。

有一天在日報表看到一個活動，吸引了我的目光，「Single & Solo Get Together 單身與單獨旅行者聚會」。我心想，終於有人關心到我們的感受了！我興沖沖地跑去那個午餐聚會，整個餐廳好幾桌的圓桌，全坐滿了人。結果我一進去就嚇一跳，他們也嚇一跳。彼此呆住了好幾秒鐘。

荷美航運威士特丹號，這艘船上的單身派對，都是些什麼樣的人呢？
答案是，全部都是平均年齡七十歲左右的單身族！！七十歲的單身派對！

Single & Solo Get Together!

既來之，則安之，工作人員安排我入座。一聊之下，發現這些大哥大姐人都滿好的，很多是喪偶的，也有離婚的。他們自己來搭郵輪，其實也滿孤單的，這樣的聚會剛好可以彼此聊聊。後來我在長程郵輪，會故意去參加這種單身派對，這是認識朋友最快的方法。別以為銀髮族保守無趣，他們可會玩了！有次還遇到一位老奶奶，她和另外一半，過去幾年全住在一艘帆船上，航行旅遊中南美洲各地，四海為家。這樣的派對上，每個人都有很多故事。

我旅行時喜歡跟人互動，有了這樣的經驗之後，實在很開心。原來郵輪上就是一個適合交朋友的「滿滿的大平台」。我後來因為認識了這一群單身朋友，每天從船頭走到船尾，平均每五分鐘都有人跟我打招呼。「Hi~Fiona! Hi~Fiona!」的聲音此起彼落。同行的台灣團友說：奇怪，才上船沒幾天，你是全船的人都認識了嗎？

荷蘭初探

來到荷蘭，我們停靠在鹿特丹港口。雖然荷蘭首都位於阿姆斯特丹，但鹿特丹附近的海牙才是荷蘭政治中心，許多政府機構、國際組織、大使館、國會議事堂皆位於此。附近有藍白瓷器著名的台夫特小鎮，在「皇家台夫特藍陶工廠」，廠方還將林布蘭的畫作《夜巡》製成大型陶磚壁畫。我越看這種藍白瓷器越覺眼熟，怎麼跟中國瓷器這麼像呢？據了解這裡的崛起，主要是因中國明末清初動亂，使得荷屬東印度公司商人無法取得中國瓷器。台夫特的陶瓷業者趁勢推出仿製中國青瓷的藍陶，大受歡迎。返船前在鹿特丹，我對荷蘭數量龐大的單車族、隨處可見的情趣用品店、前衛的實驗建築，都留下了深刻印象。

為歡送荷蘭船籍的威士特丹號離開母港，鹿特丹港口特別舉辦噴水儀式。

荷蘭是著名的海權國家，大航海時代，荷蘭人還曾經統治過南台灣。當年荷蘭人就是從鹿特丹這樣的港口出發，跨越半個地球來到台灣吧！我故鄉台南的安平古堡，就是當時荷屬東印度公司統治台灣的中樞，古名「熱

芬奇菲爾德，這個艾塞克斯郡最古老田園風情的小鎮，一棟棟英式農舍，上面覆蓋著茅草，搭配古老的風車，童話般的景致，讓所有人眼睛一亮。

蘭遮城」（Zeelandia，命名取自荷蘭澤蘭省），後來才被鄭成功攻下。這次搭荷美的船，船上主管都是荷蘭人，裝潢以荷蘭世界航海探索為主題，很有歷史感。

哈維琪　英國田園小鎮

第八天停靠英國小鎮哈維琪（Harwich），我選擇了參加船上的岸上觀光行程「海丁漢姆城堡與酒吧午餐」，這一區是盎格魯─撒克遜民族豐富文化之地。我們去參觀一座保存良好的諾曼式城堡──海丁漢姆城堡（Hedingham Castle）。城堡建於 1140 年，是由人稱「征服者威廉」的威廉一世，授與奧伯里‧德‧維爾男爵的封邑，現由男爵後裔林賽家族經營。人生能有幾次，可以遇到擁有私人城堡的人呢！在城堡主人導覽下，爬上了迴旋樓梯，看各房間、宴會廳及展示藝廊等。這座古色古香的城堡莊園，還是受歡迎的結婚場地呢。

之後我們在芬奇菲爾德（Finchingfield）的酒吧，享受傳統英式午餐──馬鈴薯泥、香腸、檸檬派，並搭配一杯啤酒。午後帶著微醺的好心情，自由漫步探索在其中，只見家家戶戶精心整理的庭院，花朵盛開，美不勝收，我也與其中一戶友善的主人 Jim 攀談起來，他聽到我的英文名字是 Fiona（英國名字），還直說「歡

諾曼第里修（Lisieux）也是我在這次航程中拜訪的城市。此地的聖德蘭大教堂，整棟建築呈現拉丁十字架的形狀，大殿是羅馬拜占庭風格。這裡紀念的是小德蘭修女，在 1925 年由教宗庇護十一世列聖，被譽為「當代最偉大的聖女」。

迎回家」呢！

乘著暮色返船，遇到遠征倫敦遊覽的人們，多是抱怨車程耗時，疲憊不堪。更讓我確定，有時就近探訪一些非主流的地點，反而收穫滿滿。

聖地牙哥之路

拜西班牙航海家與征服者之賜，全世界有超過上百個地名都叫聖地牙哥（Santiago），其中菲律賓有 31 個、墨西哥有 27 個、拉丁美洲許多國家更是到處都有這個地名，據說連台灣的三貂角也是從西班牙語 Santiago 而來。意義非凡的起源地，便是這趟造訪的聖地牙哥・德・孔波斯特拉（Santiago de

Compostela，以下簡稱聖地牙哥）。

傳說耶穌的十二使徒之一，聖雅各殉道後，遺骨被帶到西班牙安葬，但確切地點無人知曉。直到西元 813 年，有隱士跟隨夜空中流星墜落之地，才在現今聖地牙哥的地點，發現聖雅各的遺骨。之後無數的朝聖者，從四面八方湧來。朝聖者走的路徑，就叫聖雅各之路。常見也最受歡迎的走法是從南法穿越庇里牛斯山的法國之路，另外還有從西班牙南方出發的白銀之路、葡萄牙之路等超過 20 條的路線。基本上只要從歐洲出發，終點是聖地牙哥，都可算是聖雅各之路。

今日，聖雅各之路已經成為一條結合朝聖、靈修、冒險、運動、健行的路徑，我認識的許多外國背包客，大都懷著走上一趟的夢想，我也一直很神往。雖然許多路徑長達 800 公里，大約等於徒步環台灣一圈的距離。但要得到聖地牙哥之路的認證，僅需徒步至少 100 公里（大約台北到苗栗），或騎車 200 公里（大約台北到彰化），似乎也沒有想像中困難。啟程時需在所在地教堂申請通行護照，沿途教堂蓋章證明，到達位在聖地牙哥的朝聖局，即可得到拉丁文的 Compostela 朝聖證書。

朝聖之路終點，聖地牙哥主座教堂。聖地牙哥和梵蒂岡、耶路撒冷被並列為天主教三大聖城。

我們從鄰近的港城維哥拉車來到聖地牙哥主座教堂，映入眼簾的是巴洛克式風格的榮耀之門，在耶穌像之下的就是聖雅各的雕像。內側有個耶西之木廊柱，經過無數朝聖者的撫摸，底部已出現清晰的指痕。大教堂內有聖雅各的雕像，朝聖信徒們會排隊做一套儀式，右手按著石柱，左手按著聖像的右耳，跪下，擁抱雕像，最後繞到杜子後面的另一座雕像，互觸額頭或親吻，就算完成儀式。而教堂外最吸引我的，是經過長期的跋涉終於抵達終點，拿著貝殼手杖的朝聖者。我遇到幾位朝聖者，有徒步者，也有騎自行車挑戰者，滿臉風霜，有人甚至衣衫襤褸，卻掩不住喜悅與驕傲的神情，

剛和愛犬一起完成朝聖之路的朝聖者，滿臉風霜但難掩喜悅。

那種經過長時間堅持夢想，與自己內在思考對話，淬鍊出來的眼神光彩，是聖雅各之路終點一顆顆耀眼的繁星。

看到他們，我真心覺得，我應該是要在那群人的行列中的。

記錄這段旅程令我想起幾部朝聖之路相關的電影，其中一部是巴西作家保羅·科爾賀的作品《朝聖》改編的自傳式電影。

《朝聖》一直是我滿喜歡的作品。電影版著重在作者的寫作創作追尋與實踐過程。原書中，作者則描寫走聖地牙哥之路的經驗，以及各種特別的靈修式練習。書裡的主角有一個特別的任務，就是尋找一把劍，過程中歷經千辛萬苦而遍尋不著，後來，朝聖者領悟到，他僅執著於尋找這把劍的過程，但他找到這把劍之後，要拿這把劍來做什麼，他卻從來沒有思考過。當他想通了這一點，幾乎是立即，他就找到了這把劍。

對我而言，在我內心也強烈地經歷過此追尋過程。還記得第一趟環球出發前，在種種準備階段，我就遇到各種瓶頸，預算不足，困難重重。那時候還沒有信仰的我，除了學習禱告並交託給神，《朝聖》這本書，也發揮啟發的作用。在環球旅程中，這答案漸漸清晰，我渴望完成我的環球行，正如渴望找到這把劍，但是完成後，要拿這個經驗來做什麼呢？這一些美好的經驗的意義，在我心中，逐漸有了答案，我希望幫更多人創造這些美好的經驗，去感受這世界的美好，這是我找

到這把劍的唯一目的，而想清楚這一切後，第一趟環球也因此順利完成。

很高興，十年多以來，我沒有背離過我的夢想，我找到的這把劍，我真的認真地使用了它。

里斯本　見證葡萄牙的海洋霸權

葡萄牙土地面積僅 9.2 萬平方公里，在具有遠見的亨利王子投入航海前，只是一個歐洲西部的窮國。為了尋找香料與東方貿易航道，葡萄牙進行了多次的航海活動：1487 年迪亞士發現好望角、1498 年達伽馬發現通往印度新航道……全盛時期葡萄牙殖民地遍布全球，殖民帶來的大量財富，也令歐洲各國眼紅。

西班牙起步較晚，但也在 1492 年由哥倫布發現美洲，1522 年麥哲倫繞行世界一周。當時西葡兩國爭奪海外殖民地，爭端不斷，可說吃相非常難看，後由當時的教皇亞歷山大六世出面調停，並以維德角以西 370 里格作為兩國分界線，畫分以東為葡萄牙、以西為西班牙勢力，史稱「教皇子午線」。這條分線也是為什麼後來拉美多數地區講西班牙語，但唯獨巴西是講葡萄牙語的原因。

葡萄牙首都里斯本，正是這個時代的關鍵場景。這是坐落在七個小山丘上的城市，白屋紅瓦連綿至海濱，堪稱歐洲最美的城市之一。沿著自由大道漫步，到處可以見到一種藍白色調的磁磚，上面裝飾很多航海圖案。小店販賣的衣著則有很多碎

發現者紀念碑，眾雕像
一如當年望向海的彼方。

花或幾何圖案，讓我想到法國人總稱穿全身碎花圖案的女人是「葡萄牙小女人」。而經過小酒館，流瀉而出葡萄牙民謠法度（fado），淒美的旋律中有一種悲劇意味，讓人低迴不已。

貝倫（Belem）區有許多有關大發現時代的紀念碑和博物館。海岸邊的發現者紀念碑，為首的雕像即是亨利王子，這位熱愛航海的王子在薩格里建立了全世界首間航海學校，以及造船廠、天文台等，為葡萄牙奠定了海權王國基石。兩邊則各雕刻了 32 位重要的葡萄牙航海家、傳教士、導航員、天文學家等，包括了著名航海家達伽馬、麥哲倫。紀念碑的位置，據說就是 1416 年亨利王子目送葡萄牙列艦隊出海前往北非的地點。

大發現時代留下的貝倫塔（Torre de Belem），當初主要是用來紀念達伽馬的航海探險成就，也曾有防禦功能。它獨特胡椒罐形狀的砲台，令人印象深刻。我造訪時夕陽閃耀著金光，映著塔身，我看著眼前這個景象，深深著迷。數百年前，航海家從這個港口出發，也是看到這樣的美景吧！

直布羅陀附近常有強風。奇怪的是，一通過海峽進到地中海，險惡海象頓時風平浪靜，地中海旖旎風光不斷開展。船行往北停靠在英屬直布羅陀港。

直布羅陀　扼守地中海入口

此趟航程，最富地標意義的，是第 12 天，穿越寬僅 13 公里的直布羅陀海峽。

為了捕捉難得鏡頭，一聽到廣播，我便到九樓甲板守候，沒想到，一出甲板，特殊的地形強風卻讓我們站不穩，而我那天竟然是穿裙子，如果回房去換裝，肯定會錯過直布羅陀海峽。我立刻決定把裙子打結收緊，一手拉緊裙子，一邊移動到處取景。我將相機緊緊纏在手上，生怕一不小心就被吹落大海。強風把身上所有衣服吹得亂掀，夾克一直打在臉上，頭髮一根根豎直，只能拚命攀住欄杆。往左，緩緩靠近的隆起巨岩，就是英屬直布羅陀。往右，咫尺之遙的陸地，就是非洲大

直布羅陀最南端的歐洲角（Europa Point），有座紅白燈塔，可在此欣賞歐非交界的景象，海對面的陸地即是北非。

陸。船身滑越海峽的剎那，歡呼聲四起。

事後，以色列朋友 Morry 告訴我，他當時正在健身房跑步，然後一排在跑步機上跑步的乘客，透過落地窗，就看到前方有一個被強風吹得東倒西歪，還拼命在拍照的女生。天啊！當場真想找個地洞鑽進去。

直布羅陀岩，對航海家而言，它是指引方向的地標；對歐洲人而言，它是古老的赫丘利斯柱，是歐陸的天涯海角；而對觀光客來說，此地則是購物天堂，特別的藝術玻璃工藝品，還有免稅菸酒約比歐陸便宜 10%-30%，吸引不少人採買。

因為直布羅陀岩是石灰岩地形，此區有高達 300 個岩洞，車慢慢開上上洛克地區，我們參觀了聖麥可岩洞（St. Michael's Cave），這個巨型的石灰岩洞，在維多利亞時代曾被用來舉辦野餐，聚會，音樂會，婚禮。二戰期間，用作緊急部隊醫院使用。如今則是個受歡迎的藝文表演場所。

而山上有兩百多隻的直布羅陀獼猴群，是歐陸唯一的野生猴群，遊客可得常心保持距離，並且千萬不可餵食，否則會遭高額罰款。說時遲那時快，當場我就目睹有乘客手上的護照被猴群搶走，猴子竟當著他的面，將護照撕毀，讓那名遊客欲哭無淚。下山的時候，有隻猴子更大剌剌地從巴士司機座探頭入內，兩手握方向

盤上，大有「不給食物就別想通過」的霸氣。

直布羅陀控制著地中海的入口，地位舉足輕重，自古就是兵家必爭之地。聽導遊介紹，直布羅陀一直存在主權爭議，西班牙和英國從 1713 年起就一直爭奪著直布羅陀的統治權，直到 2002 年才由當地人民決定由英國統治。

里佛諾　漫遊托斯卡尼港市

接下來兩天，船又停泊了巴塞隆納以及摩納哥的蒙地卡羅。之後抵達托斯卡尼里佛諾省。里佛諾的建造者是赫赫有名的麥地奇家族，1519 年托斯卡尼公爵費德南一世將其塑造成一個自由港。現在則集觀光港、漁港、及義大利海軍總部多重身分於一身。

下船後我展開一個人的探索旅程。里佛諾主要景點集中在大運河兩岸，眾多鉻黃、淺藍、粉紅色調的房屋，映照出美麗倒影，讓里佛諾有「新威尼斯」之稱。搭當地的開頂運河遊船（canal trip）是最便捷遊覽方式。在導遊解說歷史的同時，我們行駛過一座又一座的橋底，經過兩旁許多餐廳與市場。還可以欣賞到兩個著名

里佛諾大運河上映出美麗的屋舍倒影。

的要塞，「舊堡壘」與「新堡壘」。

之後，當我漫步於漁港旁，正舉起相機捕捉著 17 世紀古老城牆與要塞時，旁邊一艘漁船突然吸引我的注意。船上是一群當地的年輕漁夫，看到我正拿著相機，他們馬上鼓譟起來。

我很好奇，如果你在你的國家遇到一位「歪國人」，正舉起相機對著你，你會有什麼反應？我遇過的情況大多數是會快速離開，甚至有的人會惱怒，真正大方友善讓陌生人拍照的只有很少數。

但這群年輕漁夫的反應完全讓我跌破眼鏡！他們開始自嗨起來，推出了一位穿藍背心的男子，接著迅雷不及掩耳，他背對我露出了花花小內褲。Oh! My God! 真是愛現呀！接著電話鈴響，藍背心男子轉身過去接手機。旁邊的幾個男生見機不可失！開始惡作劇起來，看著我手上還拿著相機，他們索性幫藍背心男來個 special show。所以……幫他小露了上半邊臀部！

不久，這群義大利漁夫上岸來，我給他們看我拍的數位照片，大夥當場哄堂大笑，彷彿很得意惡搞作弄了藍背心男子。原來藍背心男子叫作路易，曬得黝黑的皮膚和誇張的肌肉，看得出來是長期歷經風吹雨打的海上男兒，而他的朋友們帶著開玩笑的心情，還指著路易滿身的肌肉，朝我豎起大拇指說「Italian」，彷彿是說：「瞧！這就是我們義大利男人啊！」

也許是看出我有點窘，路易馬上去換了件有袖的白色 T 恤出來。他們完全不懂英文，我的義大利文也好不到哪裡去，在比手畫腳的溝通下，只能用肢體語言來判斷彼此的意思。我猜我一個台灣女生的出現也引起了他們的好奇，用這樣的方式開始認識，真是迅速拉近彼此的距離呀。路易向我介紹了他的母親，而我也把爆笑的照片秀給她看，路易的母親當場笑得很開心，還給我一個義大利式的擁抱，太神奇了，我們才認識不到三分鐘呢！難道，這就是托斯卡尼人的熱情嗎？

看到我跟媽媽相處得這麼好，路易接著很開心的秀出他的刺青。我知道中國字的刺青在西方很流行，但沒想到連托斯卡尼的漁夫身上都有。但是為何是刺著大大的兩個中文字「康流」呢？根據解釋，那是他義大利文名字的音譯。我不禁在心裡念著，康流你好啊！住在托斯卡尼里佛諾的康流先生！幸會幸會！

後來這對母子還要邀我去他家作客，當然因為要返船，沒能答應。這段偶遇讓我後來一想到，嘴角就忍不住失守。

里佛諾雖然沒有威尼斯的絕景，及佛羅倫斯的文藝復興瑰寶，但好處是也沒有人山人海的觀光客。經過整天在里佛諾探索，我遇到的人，大都顯得樸實友善，小

好男兒路易——你到底叫康流還是路易啊！？

預算就可以在城市裡玩整天，物價親民，隨意漫步大街小巷，品嚐在地美食，如果你希望體驗義大利的生活，不用捨近求遠。

這段旅程也即將接近尾聲，隔天，船抵達羅馬，在市區稍作遊覽後，就搭機返回台灣。

這次郵輪初體驗，感覺和以往背包客自助旅行，最大不同的部分，是我突然從浪跡天涯、自由自在的吉普賽女郎，變成備受呵護、舉止需優雅合宜的公主（費歐娜公主，哈！）。當中反差之大，常讓我覺得我很像電影中，贏到一張免費船票的傑克，突然置身上流社會，很不真實！郵輪上，的確有機會接觸和以往旅行完全不同的社經階層的人。不過這幾年發現，現代的大型郵輪已非常平價，是連傑克這樣的平民也負擔得起，並非只有蘿絲這樣的有錢人才能享受。

而我人生第一次的跟團之旅，也很幸運地觀摩到了很多台灣郵輪界資深領隊前輩帶團的過程。他們每天開會忙到好晚，在船上辦很多活動。

超級大團不是那麼容易帶的。團裡很多人都很nice，但我也常常在船上遇到，團員群聚聊天時有人帶頭抱怨，大家就一起罵旅行社哪裡做得不好，一聊就一

整個下午，整個滿滿的負能量啊！自助旅行隨遇而安，玩得開不開心都是自己選擇；但團體旅遊，千錯萬錯好像都是旅行社的錯。我覺得都已經出門玩，快樂的鑰匙握在自己手上，何不把這些時間，多多用來體驗船上各種設施服務呢？

這次旅行社老闆柯董事長親自隨團監督，看他兢兢業業，每天一早親自在港口送每一團出門，再隨機挑選其中一車，跟去監督團體狀況，黃昏時站在港口迎接團體回來，如果團員看來笑嘻嘻，他就放心。如果團員不開心，他就當場處理。

結果沒想到，要到羅馬機場的車上，柯董一拿起麥克風正要感謝團員時，有一位看起來事業做很大的老闆，因為別人有拿到旅行社贈品，他不知為何沒拿到，一股腦兒把最難聽的話，連同全程所有大小不滿意的抱怨，夾雜最難聽的三字經甚至五字經的粗口，全部爆發出來。

當場場面實在非常非常地難看。柯董轉過頭來對我說：你不是想要寫書嗎？可以把這一幕記錄下來。

相關資訊

1. 荷美航運威士特丹號（Westerdam），2004年下水，8.2萬噸中型郵輪，乘客1,916人，船員817人。2017年《貝里茲郵輪年鑑》評4星。是屬荷美Vista遠景系列船艦。同級的姐妹船還有歐蘿丹號（Eurodam）、新阿姆斯特丹號（Nieuw Amsterdam）、諾丹號、歐士特丹號、如德丹號。
2. 季節：歐洲首都之旅，是屬於重新定位航程。每年8月底至9月初，因為天氣漸冷，許多船公司會將在北歐的船，開往溫暖的地中海，繼續營運。隔年的5月再開回北歐。

巴拿馬運河航段：
多點多港驚艷中北美

加　拿　大

溫哥華

阿斯托利亞

索薩利托
舊金山

卡塔林那島

美　　國

墨西哥

太　平　洋

聖盧卡斯角

巴雅爾塔港

阿卡波可

華渡口

貝里斯

瓜地馬拉　宏都拉斯

薩爾瓦多　尼加拉瓜

南聖胡安

潘德雷諾斯　聖荷西

哥斯大黎加

巴拿馬

墨西哥灣

羅德岱堡
邁阿密　巴哈馬　半月灣

古巴

奧喬里奧斯　海地　多明尼加共和國

牙買加　　波多黎各

加勒比海

卡塔赫那

★巴拿馬市
巴拿馬運河　委內瑞拉

開曼群島

2006年，我隨著台灣旅行團去中美洲採訪24天，是搭荷美航運的如德丹號（Zuiderdam）走巴拿馬運河航程，從溫哥華旅行到羅德岱堡。

巴拿馬路線，荷美的船停靠港口通常最多，例如此次如德丹號造訪了九國14個港口，可以說是最輕鬆遊覽北美與中美多國的方式。

阿斯托利亞小城風光

在溫哥華的加拿大廣場登上荷美如德丹號之後，巴拿馬運河航程就展開了。我的室友是台灣旅行團的領隊王小姐。讓我興奮的是，這次是住陽台艙，可以隨時看到海。

隔天船泊美國奧勒岡的阿斯托利亞（Astoria）。一下船先搭懷舊風的黃色學校巴士，前往阿斯托利亞柱，這個石柱是仿羅馬圖拉真柱風格建的，上面彩繪了和阿斯托利亞有關的歷史。我氣喘吁吁地繞著 164 階旋轉樓梯登頂後，眺望了一整片彩色小屋。

導遊說當地居民很多是來自歐洲，尤其是北歐移民。他們喜歡的房屋是殖民復興建築，或是維多利亞風格的小屋，看起來特別精

住陽台艙，可利用客房服務送餐到房，邊吃早餐，邊欣賞日出海景。

緻可愛。而房屋上有許多數字不是建造年份，而是當初建築公司的圖錄編號呢。在當地哥倫比亞河海事博物館內，陳列著從獨木舟、大航海時代到現代海軍的豐富歷史，還展示美國海岸警備隊的船隻。

我買了當地畫家以阿斯托利亞為背景畫作的明信片。色彩豐富的小房子很適合入畫。這些精美可愛的畫作都是他創作的呢。

我們造訪正逢週日，小鎮的農夫市集，陳列了許多農產品，以及自製工藝品。一來到這裡，我就感到如魚得水，因為可以盡情與當地人互動。當地非常多的人都把寵物狗帶出來逛市集，狗兒用鼻子互相打招呼，聞著攤位上賣的薰衣草，享受極了。孩子們則索性鑽到桌巾底下大開派對。而木雕攤位胖胖的大哥，一見到我東方臉孔，馬上話匣子打開，不斷對我推薦一種神奇的東方植物種子，聲稱大大地改善他和家人的健康，甚至能治好癌症與各種疾病，而當他拿出 DM，竟然是我們再熟悉不過的食材——枸杞。

墨西哥　下加利福尼亞半島

郵輪沿著太平洋岸南下，來到墨西哥的下加利福尼亞半島最南端，聖盧卡斯角（Cabo San Lucas），又稱作地之角（Lands End）。我們搭小船去看此處地標拱門岩（El Arco）。

上岸後，導遊還特地請司機路邊停車，讓我們瞧瞧巨型仙人掌。原來在當地嚴苛的環境下仙人掌生長緩慢，一隻仙人掌枝幹手臂要花十年時間才能長成，眼前這株比人高的仙人掌有十幾隻手臂，已超過百歲。仙人掌是墨西哥國家的象徵，傳說中祖先阿茲特克人四處流浪，太陽神託夢給酋長，若是見到一隻叼著蛇的雄鷹站在仙人掌上，就是定居之處。後來找到的地方，就是墨西哥市，墨西哥國旗上

的圖案也因此而來。

回船前在港邊市集走逛，發現這裡到處充斥著美國文化產物，以及廉價中國製紀念品，後來吸引我購入的，是傳統墨西哥繡花裙裝，這種短短的連身裙，把它當長版衫穿，出乎意料的舒適百搭。

近距離觀看著名的拱門岩。模樣類似大象鼻子的拱門奇景附近，棲息了許多鵜鶘及海豹。這一帶也是著名的賞鯨豚地點。

巴雅爾塔港　海盜與阿茲特克

隔天，墨西哥巴雅爾塔港（Puerto Vallarta），是一個人口約 20 萬人的城市。這站我打定主意離開台灣團體，發掘另類玩法。我先是報名郵輪的「仿古海盜船之旅」，這艘 Marigalante 帆船，是完全仿製哥倫布發現新大陸的聖馬利亞號（Santa María）打造的。啟航後，海盜們開始逼真的表演，先是分派系決鬥，拿著西洋劍鏗鏘有聲地互擊，海盜拉著繩索盪來盪去。接著船長陣營俘虜了叛軍首領心愛的女人，這個人質是由一位胖胖的女乘客假扮，她從頭到尾非常入戲，一直用大力水手卡通中奧麗薇式的嗲聲嬌喊：「Help! Help!」繩索掉落她還會主動重新幫自己綁好，甚至還趁亂熊抱了帥哥水手演員，製造了很好的笑果。然而英雄救美那方最終沒有成功，輸的一方按照海盜慣例，得走甲板跳海。海盜船接著開到荒島，其實是一座私人海灘，船上小朋友跟著船長去荒島探險，其他人則自由體驗各種水上活動。我划了獨木舟，也盡情體驗浮潛，這裡的熱帶魚與珊瑚礁非常美麗。渴了有啤酒汽水飲料等無限供應，返航時在船上享用搭配龍舌蘭酒的午餐後，

全船在甲板上開派對熱舞，非常盡興。

回船休息片刻，因為這天船泊港至午夜才開，傍晚我參加了另一個趣味出海遊「夜的律動」。這艘遊艇將我們載到班德拉斯灣的一個私人海灣 Las Caletas。這裡曾是好萊塢大導演約翰‧休斯頓（John Huston）的家，現在則是由巴雅爾塔冒險旅遊公司營運，因地勢特殊，只能搭船來訪。還沒有到岸，遠遠就有人吹著法螺迎接我們。來到島上，所有人穿著仿古的服裝。白天我才從一艘海盜船下來，現在馬上又置身宛如古代阿茲特克的歷史場景了。我先享受了一頓氣氛十足的燭光晚餐，墨西哥式的食物還算可口，服務生看我自己一個人，不斷過來陪我聊聊天。餐後聽到咚咚的鼓聲響起，一列小型的隊伍在島上緩緩前進，引導我們來到一個叢林中金字塔形狀的露天表演場，現場已經坐滿了等候的人群。表演開始後，火把被一個個點燃，穿著仿古服裝的舞者，在露天階梯上跳著神祕的舞蹈，訴說著古老的故事，好像走進時光隧道一樣，畫面非常超現實，令我震撼。可惜現場不允許拍照。這個遊程我個人很推薦，整體來說創意十足。如果真要挑剔，那就

在眾人驚呼聲中，他們真的一個個縱身躍入海，甚至搭配跳水動作表演。天呀，這也太敬業了！往後一看，群眾發出笑聲，原來後面有一艘尾隨的小艇，水手落海後馬上把他們撈起。

「夜的律動」，船還未到岸，歡迎儀式便已開始。

融合傳統樂舞的歡迎儀式。

是我相信古阿茲特克祭典上，應該不會放乾冰特效吧！

回到船上，隔天船沿著墨西哥西海岸線航行，而我慶幸有這麼一天可以喘息，繼續體驗各種船上生活。如果以這一點來看，荷美的巴拿馬航線停點未免太多了，但對我這樣好奇的旅客，可以多看總是好的。

阿卡波可　懸崖玩命跳水

我們在阿卡波可港停靠，觀賞知名表演「奎布拉達峽谷的懸崖跳水者（La Quebrada Cliff Divers）」。若沒見過這群跳水者，我很難想像，世界上竟然有這樣的搏命演出。跳水者起跳前要把握住海浪的走向、潮水和風力，抓住適當時機下跳。跳好了，就博得遊客滿堂彩，上來「打賞領錢」；跳偏了，就等著「重新投胎」，因為尖銳的山壁會讓人粉身碎骨。這個傳統源自於傳統漁夫們彼此試膽的競技，現在則純粹為了觀光而做的表演。我們來到看台旁 El Mirador Hotel 的餐廳，這裡是很好的跳水觀賞點。餐廳還展示貓王在阿卡波可拍攝的電影《Fun in Acapulco》劇照，這部電影讓此地聲名大噪。

餐前我們先欣賞墨西哥傳統舞蹈。用餐的過程中，跳水表演就展開，首先左邊較低山壁先有人試跳暖場，接著表演者登上右邊山腰，縱身一跳，整場掌聲雷動，其他演出者繼續攀爬登上右側更高山壁，我很好奇，這時候表演者心裡到底在想什麼，應該不是「晚餐要吃什麼」這種普通人的煩惱吧。最後結尾高潮先是單人

緊張刺激的跳水表演令人目不轉睛。同行旅客就是在此丟了包包。好險是搭郵輪,旅程仍順利進行。

獨跳,到雙人或多人同跳,每一個跳下瞬間都讓人手心冒汗,心跳加速,祈禱自由落體定律不要出錯。有趣的是,跳水瞬間全場數千觀眾也以一致的頻率擺動頭部向下,畫面本身也謂為奇觀,終於跳水成功,結束這場虐心的演出。

華渡口 騎馬泛舟挑戰

來到墨西哥華渡口(Huatulco),我冒險的血液又燃起,早上先參加了騎馬行程,從馬場出發,單程約 50 分鐘的緩慢騎行,先是穿梭在低矮的熱帶林中小徑,不時還得低頭閃避樹枝,經過 Copalita 河與小漁村,最終來到海灘。同行的年輕女孩似乎都很擅長騎馬,還好我遇到匹溫柔好馬兒,幾乎是自動帶著我走,騎到海灘之後,我們躺在草棚的搖床上放鬆,一邊看海,一面吃著莎莎醬大蝦配墨西哥脆餅。沙灘在陽光下呈現金黃色彩,海水透涼。海岸有許多大型的鳥類,隨處可見的巨型仙人掌,提醒我還在墨西哥境內。

午後緊接著另外一個冒險行程「Copalita 河泛舟之旅」。同行參加者竟然還有在單身派對遇到的,83 歲的 Carol 祖母,以及一些銀髮單身客。我不禁大大稱讚 Carol 祖母的勇氣,希望我 83 歲時還能勇敢去泛舟!聽到大家的讚嘆,Carol 祖母反而有點不安地問起教練:「你覺得我真的可以嗎?」

教練拍胸脯保證:「沒問題!」果然這個泛舟跟台灣秀姑巒溪的比起來,真是輕鬆版,這裡不僅沒有急流險灘,也不像台灣隨時有翻船的危機。途中幾次大家覺得太慢,還要幫忙划船加速,甚至最後覺得不夠刺激,大夥索性跳船游起泳來。不過在教練「Everybody forward! Everybody forward!」的聲聲指令下,還是很歡樂的前進著。

教練 Guillermo 是一個熱愛泛舟的智利年輕人,曾經到很多不同國家工作,皆是擔任泛舟教練的工作,心願是希望能體驗世界各地的河流泛舟,我當然是跟他大力推薦台灣啦。我覺得這裡泛舟最棒的是自然生態非常豐富,過程中可以欣賞許多鳥類,例如成群停留在河上枯木的大藍鷺、美洲鸕鶿等。而來到河流的出海口,眼前蒼茫寬闊的景象,搭配遍地鳥類的腳印足跡,很原始自然。

趣味的 Copalita 河泛舟行程。

憂鬱海上日　別獨自搭郵輪

一開始上船,我又變成好奇寶寶,每天忙著東看西看。

我參加了「吧台調酒課程」,酒保邊講邊示範花式調酒。連喝五杯五顏六色的調酒之後,心情奇 high 無比,看著參加者也都笑成一團,我連原本要去的皮拉提斯課程都不想去上了,強烈自我懷疑我是酒鬼。「烹飪課程」的主廚十分幽默,故意選了笨手笨腳的觀眾上台示範,「笑果」很好。我也看其他旅客參加「如德丹超級巨星」大賽,唱卡拉 OK 來 PK,決賽要在秀場唱給全船聽,上台唱完可以獲頒一張放大版的「如德丹號簽約歌手合約」,是最有創意的紀念品。「廚房之旅」,辛苦排了那麼久的隊,進去不到三分鐘就出來,為的是看到一堆擦得亮晶晶的廚具和洗碗機,猛拍照成為唯一對得起這件事的部分;更絕的是,當參觀者問其中一位廚房人員,你負責的工作是什麼,對方還會幽默地回答:站在這邊,對你們笑,讓你們拍照。

這樣笑笑鬧鬧其實也沒什麼不好,但莫名其妙,第十天起事情就開始不對勁了。也許是語言或文化隔閡,我覺得自己其實也沒有像想像的那麼能夠融入船上生活,總之我就是感到低潮,陷入一種莫名的孤獨感。一個人旅行會進入一種動

如德丹號的「吧台調酒課程」。大家笑得開懷,一杯再一杯。

見觀瞻顧影自憐,但同時又是最誠實的狀態。雖然和各國朋友談笑自如,但我有一種感覺:我不屬於這群人。而回到台灣旅行團裡面,聽著大家互相推崇,某人又購入了哪一處房地產,某人做生意賺大錢,而當最後幾個家庭,熱烈討論起自宅裝潢三溫暖浴室,花了多少錢等問題,我只能淺淺一笑。

晚上在舞廳,遇到 Carol 奶奶,她和我共舞一曲慢舞〈My Way〉時,眼睛發著光芒。我感動得想哭,真美的女人,我希望我八十多歲時,也能讓人感到如此自在可愛。她問我好嗎?我回答還好,只是……正想往下講,她說:I know, I know... 你的高跟鞋太高了,它會讓你腳痛。

跳完舞後,我和 Carol 奶奶快樂相擁,也許每個人都需要一種安靜的理解,需要一點擁抱。

我這時才發現:其實我也渴望孤獨。上船之後,第一次進入能夠寫作的狀態,這趟旅程之前,心一直是虛空的。當航行在海上時,船不過是在表面上畫上了一條線,暗潮洶湧的是巨大的水體,包覆了一切。海有魔力,會讓人的心變得柔軟,可是在那同時,煩惱也不斷湧現。人生走到目前的許多疑問,理想與現實的差距,關係的不確定性,這些東西一出現就排山倒海而來,幾乎把我壓垮,讓我進入一種悲傷的耽溺狀態。我的心想獲得撫慰,期待海浪輕輕撫過船身,卻遇上激烈不安的風暴。

旅程很好,但我也想有人可以分享。我想念在台灣的他,不知道他正在做什麼?這段關係走得很長,從校園時期已過十年,彼此經過很多風雨與考驗,早已像家人一般,只差一紙證書。但,還能夠一起走下去嗎?有信心一起下去嗎?眼前多

的是主動來示好的船員，但那種僅僅只是因為寂寞，積極來找人攀談，希望發展海上羅曼史，這也不是我想要的。剛開始我還會以交朋友心態聊聊天，後來我學會，要跟這樣的人保持距離。

現實生活中不也如此？我覺得頻繁演講或上媒體接受採訪的自己，總是渴望受到人們的喜愛歡迎，就如同我曾自豪在郵輪上的好人緣，這些東西，不也都是虛榮的假象？每個人都該盡力在自己的領域發光發熱，就像秀場舞台上的舞者，全力舞到極致，但表演終會落幕，各有各的人生課題。看清楚生命中什麼是真實的，什麼是真正重要的，是我人生這個階段的功課。

面向大海，我向神禱告，感謝神帶領我至此，生命給我如此多的恩賜，我還有很多更重要的事情要做，我重拾勇氣，找回初衷。我要活在當下、我要感受一切、我要創造幸福，我要專注有亮光的部分、不再顧影自憐，我已經有很多很多愛，最重要，還有神的愛。

兩天後，神回應了我的禱告，我接到來自台灣的，越洋求婚電話。我知道，我的人生即將邁向下個階段。

尼加拉瓜　殖民諷刺劇

第 12 天在尼加拉瓜南聖胡安（San Juan Del Sur）下船，我們到格拉那達（Granada）城參觀。因為天氣熱，當地人都顯得懶洋洋的。這時突然出現亮點，就是教堂廣場旁出現一群舞者，跳起傳統舞蹈表演。

這種表演名叫「圭根斯諷刺劇（El Güegüense，又稱 Macho Ratón）」，最早取材自民間故事，後來才被記錄下來。這是後哥倫布時期瓜地馬拉第一部文學作品，融合了古老傳說與殖民白人色彩，並帶有用喜劇詼諧，諷刺當時白人殖民政府的劇碼。我看到的是雙人舞，特色是有一組舞者戴著白色的面

圭根斯諷刺劇，名列 UNESCO 人類非物質文化遺產名錄中。

具，象徵殖民者。男性口叼雪茄，主要是詼諧方式，做些諷刺醜化的動作，眼看舞者做出各種舞蹈動作，男舞者從女舞者胯下爬過，甚至還出現類似我們傳統老背少的舞蹈戲碼。我很好奇舞者真實面孔，後來他拿下面具，竟是非常年輕的學生。

附近的 Convento y Museo San Francisco，是中美洲最古老的教堂，裡面有一座文物館，展出古老與現代的畫作、陶藝等，還有一些當地民俗，例如仿真人模型的托托納克人的飛人舞（Volador），這種有如空中飛人的儀式，主要是傳統用於祈雨之用。

餐後遊尼加拉瓜湖。這是中美洲最大的湖，滿布小島。其中很多是私人島。

之後我們到一家當地餐館，一邊喝著尼加拉瓜知名的 TONA 啤酒，一邊吃著烤肉。餐館門口有不少乞丐流連，用盼望的眼神看著這群觀光客，令人心中有些唏噓。

郵輪穿過巴拿馬運河

郵輪穿越巴拿馬運河，是我最期待的一站，全程需要一整天十小時。我一早六點到甲板上，先看到船由「美洲橋」下經過，爾後經過的第一個「麥瑞福勞瑞斯」與第二個「皮尊麥葛爾」閘道均為上升水位，往上各爬一階，到第三個閘口「蓋敦」，則下降一階，進入大西洋。經過閘門中間水道有軌道牽引機，拉著郵輪走，而當全船幾乎都聚集在船頭與開放甲板空間時，船公司也在甲板上設吧台，提供酒水服務。

一條運河影響巴拿馬國家主權至深。我一邊讀著帶來的資料，發現美國曾強力介入過巴拿馬運河建造過程。當初美國總統羅斯福想取得開鑿權利，遭到當時統治

此地的哥倫比亞國會反對，不惜暗助哥國的反政府勢力，答應要幫他們獨立。後來果然成功。新獨立的巴拿馬政府為了報答美國，以一千萬美元的代價讓美國取得了運河永久租借權。中間又經過許多波折，1999 年 12 月 31 日美國才終於正式將巴拿馬運河移交回巴拿馬。

突然，後方傳出一聲熟悉的聲音「Look! Crocodile!（看！鱷魚！）」。

原來是船上乘客，加拿大夫妻 Vince 與 Karen。我們已經持續這個遊戲一陣子了，假裝看到海洋生物。我和他們認識是從墨西哥浮潛回來的接駁船上，他們看我上船興高采烈，主動來和我認識。後來在墨西哥下加利福尼亞半島，他們在甲板上看到鯨魚，但我卻錯過而大感失望。之後每次在船上相遇，我們總要玩一下這個遊戲，代替打招呼。主題從鯨魚、海豚、海龜、海怪都有。不過今天的巴拿馬運河，尤其是運河的調節湖 Gatun Lake 裡，可是真的有鱷魚出沒呢。船上還特地在泳池辦了一個捕捉鱷魚派對，當然是用假的充氣鱷魚玩偶。

大家都擠到船頭看運河。巴拿馬運河全長 82 公里，是人類建築奇蹟。

此行我最難忘的友人，來自加拿大的夫妻 Vince 和 Karen。

當晚我和這對夫妻共進晚餐，原來 Vince 職業是護理人員，Karen 是家庭主婦。結婚多年育有三名子女的他們，每年最期待的，就是出來搭一趟郵輪，可以擺脫小孩與日常雜務，好好重溫一下兩人世界，順便享受美食。然而，他們點菜的時候我簡直大開眼界，因為服務生只問了一句「跟以往一樣？」之後，就把所有 menu 上有的菜，全部上一份！天啊～那可是五份前菜，五份主菜，兩份義大利麵，五份甜點。我看他們這麼吃，卻同時擁有健美的身材，驚訝得合不攏嘴。Vince 說他們既然來搭郵輪，每天都盡量品嘗美食，吃完後每天都到健身房跑步半天，消耗多餘的熱量。

卡塔赫那　驚艷哥倫比亞古城

哥倫比亞的卡塔赫那，是我此行最喜歡的一站。一下船，迎接我們的是武裝軍人還有緝毒犬，提醒我這是個以毒梟、幫派聞名，惡名昭彰的國度。然而車越往市區開，景致越令我驚艷。從 1533 年建城的卡塔赫那，是哥倫比亞最大港，色彩鮮艷的舊城區，顯得風姿綽約，且清新脫俗。到處都可以看到販賣畫家費爾南多‧博特羅的複製作品，這位世界知名的畫家，喜歡將人全部畫成「圓潤飽滿」的胖胖的加大版本。寶石迷一定聽過哥倫比亞，這裡可是出產上好的祖母綠寶石，有不少寶石店。

哥倫比亞曾經是西班牙在南美西北部所統治殖民地「新格拉那達」的一部分，一直到 1819 年才獨立。當初這裡是西班牙人將掠奪的財富運出的地方，也吸引了很多海盜覬覦，而這些防禦工事也曾經幫助西班牙抵抗了無數的加勒比海海盜，還有英國勢力的入侵。而這一帶自古也有沉船寶藏傳說。

不過整體而言我的造訪經驗，跟電影裡滿是幫派毒梟的印象大不同，也看不到海

盜肆虐的痕跡。路上遇到的當地人都很友善,甚至很多主動要求要和我們合照。

巴哈馬　半月灣自由浮潛

半月灣是荷美航運與嘉年華郵輪在巴哈馬的私人島,這個島環境優美,水清沙白,水裡熱帶魚成群,景色宜人,完全是一個完美的加勒比海天堂島嶼典型。這一天船公司也把烤肉吧、各種飲料都搬到島上,讓所有人盡情享受。

我與 Vince 和 Karen 夫妻相約,在島上要一起去浮潛。Karen 和我水性其實都不佳,但 Vince 可是箇中高手;他拉著我們兩人,一路往海中游去,海裡有許多珊瑚礁,七彩熱帶魚,還有大型貝殼。我們只要看到美麗的貝殼,手一指,Vince 立刻縱身下潛,為我們把貝殼撿上來;他甚至可以潛到一兩層樓深度,讓我大開眼界。之後,我和 Karen 一起去參加「與魟魚同游」行程,那是在一片近海圍起來的水域中,有二三十隻魟魚,最大隻的有近兩公尺。這是我第一次見識到魟魚

西班牙曾統治哥倫比亞。當地街道屋舍殖民風格濃厚。

郵輪公司的私人島嶼半月灣,水清沙白,碧海藍天。

這種奇妙的生物。我在水裡游著，看著一隻隻優雅飄動著，姿態宛如在飛翔的魟魚，心中滿是感動。

很多人講到魟魚，會聯想到「鱷魚先生」的悲劇。但在加勒比海海域，「與魟魚同游」是很受歡迎的一種活動，只要遵照教練指示的安全原則，餵食魟魚時不要伸出手指、腳貼底滑行，就能避免被咬、被刺，

與魟魚近距離接觸。

基本上是很安全的。這裡的魟魚非常黏人，有一隻一直吸附在教練的頭上，其他的則不時來跟遊客玩，而 Karen 被一隻魟魚熱情擁抱，在手臂上留下了一個小小的「草莓」印記，希望 Vince 別吃醋。

看著 Vince 和 Karen 牽著手，漫步在沙灘小徑，那種幸福的笑容，某種程度帶給我對婚姻的信心。後來我結婚時，還收到他們從加拿大寄來，精心製作的祝福卡片。

兩天後，郵輪抵達佛羅里達的羅德岱堡。我們搭乘風帆船遊覽大沼澤國家公園，之後就前往機場搭機返國。

這次敞開心胸與國外朋友交流，讓我獲得許多難忘的友誼；回國後，我也與另一半步入禮堂；所以一直覺得巴拿馬航線是我的幸運之旅。沒想到我後來2008年帶著近四十人的大團，搭精緻郵輪的無極號再度走巴拿馬航段時，卻遇到出乎意料的事情。

在旅途的第三天，我接到台灣的電話，安排此團的金科國際郵輪旅行社倒閉了。我一面與台灣保持聯繫，一面繼續努力帶團。還好此團的費用已經全額付清，團員也沒有刁難領隊，我一心一意，盡力做好該做的事，所有行程未受影響，還辦了很多團體專屬活動，結果是大家非常滿意，盡興而歸。

之後我一直就沒有機會再見到柯先生伉儷。預繳後面旅程團費的台灣團員們，後來也透過「品保協會」、「履約保證保險」等機制獲得理賠。據說法院開庭結果，也證明柯先生是一直努力，想要挽救局面到最後，並非惡意倒閉。人生無常，正如海上看似平靜，也許不久就暴風巨浪，惟有凡事盡力而為。

相關資訊

1. 2006年我是搭荷美航運的如德丹號（Zuiderdam），2002年下水，8.2萬噸中型郵輪，乘客1,848人，船員800人，2017年《貝里茲郵輪年鑑》評4星。這艘船跟我第一次搭的威士特丹號是姐妹船。巴拿馬運河因為船寬有限制，船不能太大。

2. 巴拿馬航線建議：只選「城市觀光」類旅遊是不夠的，因為中美城市重要景點幾乎都是舊城區的主廣場武器廣場（Plaza de Armas）、主教堂與廣場的小市集，重複性太高。殖民風格的建築雖美，但可觀性絕沒有歐陸本尊來得精采，看久了令人乏味，可選擇性看兩三個即可。反而在地文化，還有自然美景的部分更精采。例如此行我最難忘的，沙灘、浮潛、與紅魚同游、海盜船、泛舟溯溪、騎馬、雨林生態、馬雅文化、咖啡與龍舌蘭酒、舞蹈、雷鬼樂等，都意外地好玩，規畫走這條航線者，要盡量放下成見，多穿插體會不同的型態，才能感受其美好。

哥斯大黎加首都聖荷西離港口甚遠，但團員堅持要放棄生態之旅，來回拉車近四小時快閃。我只來得及拍下這張市中心國家歌劇院的照片。這麼做其實很可惜。

加勒比海航段：
巨型郵輪嗨翻美國後花園

2008年我展開了我的第一趟「帶團」環球之旅。「組團環遊世界」其實是個理想。會有這個想法，是在我2004年環球回來後。當時我有很多機會和人分享，包括一年近百場的講座。我發現，環遊世界並沒有想像中困難，但為何大家都不去做呢？因此，我想要打造一個人人都負擔得起的環遊世界之旅。

2008年，我在當時金科旅行社柯老闆同意之下，組了第一團環遊世界旅行團，因為希望大家都負擔得起，所以56天的旅程努力拉低訂價至50萬台幣。我多年的摯友漢淑第一個報名支持，請假給工作多年的自己一個禮物。後來總共召募到16位團員，2008年暑假從台灣出發，從夏威夷、北美、中美，到中東、東歐，最後從莫斯科搭西伯利亞鐵路回亞洲。旅程設計定位是「壯遊」，特別融入背包客精神，有好幾個城市有保留整日自由時間，讓團員可以探索城市。

2008與2009年的環球團，就都走了八天七夜的標準西加勒比海郵輪行程，搭乘的是皇家加勒比兩艘姐妹船，海洋自主號（Liberty of the Seas）與海洋自由號（Freedom of the Seas）。

超級郵輪　挑戰溜冰攀岩衝浪

出發地佛羅里達州有很多郵輪港，各行程的出發點不太一樣，但都很值得上船前後安排順遊，比如在邁阿密或羅德岱堡出發可順遊大沼澤公園與前往西礁島、在卡納維拉爾港出發可順遊奧蘭多的迪士尼樂園和海洋世界。不過提到加勒比海的航程，內行的郵輪客都知道：重點不在港口邊，而是在船上！

猶記得有第一次搭船的年輕團員跟我說，她愛上郵輪生活了！因為這艘船晚上的party超好玩，加上衝浪、溜冰、攀岩、看秀……時間簡直不夠用。

嗯～我想，這跟這艘船從客人到服務人員的顏值高到爆表也有關係。甲板上常常出現的比基尼混血辣妹，連衝浪教練都是陽光型男……還有北美放暑假的大學生們，活力四射，的確跟多數郵輪截然不同。

然後團裡媽媽晚上會打電話給領隊，我就會去派對上，提醒女兒──「夜深囉！

該回房了～」可見這艘船有多好玩。

啊，好像離題了……重點是，這艘船不是只為退休銀髮族設計，不管任何年齡都很適合喔！設備、餐食、服務也具一定水準。

船上發了份介紹「在世界第一大郵輪上一定要做的十件事」，詳細列出了許多此船特色。包括攀岩、SPA、看秀、水上活動、跳國標、品酒、商店街散步、溜冰、吃主題餐廳、酒吧……雖然後來 16 萬噸郵輪已不是世界最大（目前最大 23 萬噸），我的親身經驗，仍覺很熱鬧有趣，海上日只有兩天，完全不夠體驗。

船上有座貨真價實的冰宮。每天晚上，極具聲光效果與技巧高超的溜冰秀，提供視覺的一大享受，聽說許多舞者皆是從俄羅斯溜冰選手被挖角來的喔！而白天，冰宮就開放使用，讓旅客穿著冰刀鞋，在海上盡情溜冰，讓我回憶起高中時和死黨瞞著家裡相約去溜冰往事，怎麼有一種做壞事的快感咧！此刻死黨渼淑就在我身邊，青春好像也跟著回來了。

好友渼淑勇敢挑戰郵輪上的衝浪設施，能夠保持平衡真的很不簡單。

攀岩場是皇家加勒比郵輪另一著名的設施。我和團友都曾放膽體驗過。

「衝浪」則是在這艘船上最特別的娛樂！尤其是對看的人而言，因為挑戰者各種摔倒姿勢千奇百怪。而旁邊的觀眾總不吝惜給出歡呼聲，渼淑也大膽上場嘗試，還成功在衝浪板上跪立。如果不會衝浪也不用擔心，可以預約教練教學。

2009 年的團員裡有位登山達人「山姐」，曾經爬遍百岳和中央山脈大縱走，還有挑戰過北美麥肯尼峰、南美阿空加瓜峰，也遠征過聖母峰。她一上船，看到攀岩場頓覺技癢。我馬上幫她報名，三兩下輕鬆攻頂，下來後覺得不過癮，立馬再來一次，看得旁邊外國人紛紛打探我們從哪裡來，這麼厲害！其實，這對她而言真是小菜一碟呢！

郵輪客胖子非常多，皇家加勒比的船常舉辦趣味活動──「男人肚皮跳水大賽」，濺起水花最多者贏。參賽者無不努力搔首弄姿，展露性感，求裁判加分，笑果十足。

胖子跳水實況。

海地拉巴地海角樂園

航程中有一天停靠海地拉巴地（Labadee）。一提到海地，我身邊朋友想到的，總不脫離饑荒、2010 年大地震、貧窮、甚至很多人會聯想到之前，人民窮到「吃泥巴餅」的媒體報導。然而這一切在拉巴地，完全都感受不到。

因為這個半島是皇家加勒比公司承租開發的私有土地，與外界隔絕。船公司把這裡打造成一個度假天堂。下了接駁小船，碼頭有樂隊歡迎，船員打扮成加勒比海海盜迎接。岸上有免費接駁車，也可以徒步到處探索。我總會先帶大家走到西北邊「龍的呼吸石」，形狀像三條龍要出海，海浪打在龍的形狀的岩石上，會發出如龍低吼的聲音，因此得名。

拉巴地工藝市場。師傅正在製作工藝品。

接著逛逛中間南部的瞭望塔或老鐘塔。而喜歡購物的人，這裡有工藝市場和跳蚤市場，都收美金，可以用力殺價。我曾經在此，好奇順手買了個海地「巫毒娃娃」，但下船前越看越害怕，心理壓力日增，最後選擇把它留在船艙不帶走，但願沒有嚇到房務員。

在這裡可以租用浮潛用具下海遊覽，如果嫌不夠刺激，有個長達 2,600 公尺的滑鋼線（zip-line）付費活動，可以讓腎上腺素急速分泌；或是再挑戰各種極限運動，如拖曳傘、水上摩托車。船上也把自助餐都搬到島上，大辦烤肉派對，累了渴了可以盡情吃喝，順便觀賞傳統海地火舞等表演。

導覽完畢的自由活動時間，我躺在吊床上，邊啜飲清涼飲料，邊悠閒地看著身邊的俊男美女，簡直是各種膚色與人種大集合。遠處是我們的郵輪，海上浮床躺滿日光浴的人們，真想時間就靜止在這一刻，在兩個月的環球途中，能短暫的無所事事，對於我就是「天堂」。

拉巴地海邊的悠閒風光。

真正的海地是什麼樣貌，至今於我仍是一個謎。

牙買加　敦河瀑布溯溪

通常只要是自由行，我都會將所有的岸上觀光選項事先詳細翻譯給團員，讓大家可以選擇，2008 年停蒙特哥灣時，有許多年輕團員選擇報名船上「Chukk 叢林河流輪胎小艇漂浮」，我也跟去隨行照顧。這個行程是將每個旅客綁在一個大型黑色游泳圈上，然後順流而下，沿途可以欣賞風景，清涼有趣，不過臉蛋會不斷曝曬在炙熱的加勒比海陽光下幾個小時，行程結束後當我拿下墨鏡，頓時多了一圈好笑的白眼圈。

比較起來，敦河瀑布溯溪才是我真正的「心頭好」。2009 年，船停牙買加奧喬里奧斯（Ocho Rios），帶環球團員們再去攀爬時，每個人都好享受整個過程，

敦河瀑布溯溪。這位男士身手矯健,一馬當先。

牙買加隨處可見雷鬼教父巴布‧馬利。

大夥邊爬邊大笑,登頂後一起沖瀑布,痛快酣暢!

而從第一次造訪牙買加,看到滿街都是雷鬼教父巴布‧馬利的肖像,入耳都是這種混合著慵懶、狂放、充滿諷刺意味以及理想主義的音樂,讓我很快成了他的粉絲。後來我旅行的足跡到了非洲衣索比亞,發現衣索比亞南部有一座「牙買加村」莎賽曼尼,才知道牙買加和衣索比亞大有淵源。當年衣索比亞皇帝海爾‧塞拉西一世訪問牙買加時,久旱不雨的牙買加,竟然下起傾盆大雨。長期受到殖民者剝削的牙買加民間,一直相信會有上帝在現代的轉世,是聖經中預言的彌賽亞。許多人看到下雨,更認為海爾‧塞拉西一世就是救世主。

後來牙買加有一千多人跟隨他返國,最後被安置在牙買加村。而牙買加這獨特的宗教信仰,就名為拉斯特法里(Ras Tafari),Ras 是首領的意思,Tafari 是海爾塞拉西一世即位前的名字。

巴布‧馬利就是這個宗教忠誠的信徒,我曾看過一些他專訪的影片,他真的堅信海爾‧塞拉西是上帝在現世的轉世,巴布‧馬利甚至要求死後,要葬在靈魂的故鄉衣索比亞。而隨著雷鬼音樂的傳播,現在全球的拉斯特法里宗教信徒,竟然高達約一百萬人。

開曼島　和魟魚海龜玩親親

來到開曼群島，最棒的體驗是接觸海洋生態。乘著帆船前往大開曼島的「魟魚城」，這個深度及腰的沙洲淺灘裡，因為當地固定會餵食，長期聚集數十隻完全不怕人的魟魚，像小狗一樣圍著遊客撒嬌。可以跟魟魚一起游泳、擁抱、親吻，只見各國遊客又愛又怕，尖叫與笑聲此起彼落。有團員直說，這是環球全程 56 天裡最難忘的體驗呢。

開曼群島另一個賣點是海龜。1503 年哥倫布航行至開曼群島，看到水中海龜成群，於是將此地命名為「海龜群島（Las Tortugas）」。在海龜復育中心裡，可以近距離接觸這種奇妙的生物，很多人跟海龜大玩親親，雖然海龜看來也是千百個不願意。

開曼群島另有項驚人紀錄。群島三個島群面積僅 260 平方公里（台灣的1/138），我們到訪時人口才不過五萬多人，但據說有超過四萬個企業登記在此，這裡可是鼎鼎大名加勒比海金融服務（洗錢）的天堂，2009 年開曼群島註冊避險基金總規模高達 2.3 兆美元。碼頭附近販賣著各種海盜紀念品，很特別的是還有很多鑽石店──但此地是不產鑽石的，據說是因為鑽石體積小單價高，是最理

淺灘上滿滿的魟魚群。

遊客玩得很開心，但海龜倒是有點無奈。

想的「洗錢」工具。

哥倫布發現了它、德瑞克船長也來過、知名的海盜亨利‧摩根、黑鬍子愛德華‧蒂奇也曾在此叱吒風雲。如今海盜早已絕跡，但對現代金融的海盜，開曼群島是新的天堂樂園。

科茲美　古蹟與比基尼

此行最後的港口是墨西哥科茲美，鄰近的圖倫馬雅遺跡是一個滿折騰人的景點，得搭渡船先到卡曼海灣（風浪大到有些人都反胃嘔吐），再搭車前往遺跡參觀。這裡屬於馬雅後古典時期晚期遺跡（約西元 1200-1521 年），也是在馬雅城市中，最後有人居住的地方。1518 年被西班牙人攻破，馬雅文明也逐漸被毀滅消失，只留下雜草蔓生的斷垣殘壁。後經修復，成為一個熱門的景點，這個堡壘狀的建築僅有三面，第四面則是面對廣闊的大海。還能從旁邊的樓梯步行下去，在沙灘戲水。所以這也是唯一會出現比基尼美女與馬雅古蹟同時並存的地方。古蹟上隨處可以見到的變色龍，也成了大家搶拍的焦點。之後，前往附近海灘俱樂部，讓大家享受放鬆的時光。

這一站也有團友參加郵輪的旅行團遠征坎昆。另有位教授團友抱著研究精神，去報名了科茲美馬雅傳統三溫暖的行程。先在烈日下曬太陽，再到傳統窯洞裡高溫蒸烤至滿身大汗，之後用冷水沖浴，據說有促進新陳代謝，排毒的效果。

經過一天忙碌的靠岸遊，明天還有一天寶貴的海上日，趕快來計畫要做什麼吧！

或者，什麼都不做，才是最完美的計畫。

比基尼美女與馬雅古蹟，大概也只有此地才能看到。

相關資訊

1. 海洋自主號（Liberty of the Seas）與海洋自由號（Freedom of the Seas），16萬噸，2017年《貝里茲郵輪年鑑》評為3.5星。
2. 若要搭世界最大郵輪，現在名列世界第一的有三艘22.5萬噸郵輪，分別是海洋綠洲號（Oasis of the Seas）、海洋魅麗號（Allure of the Seas）、海洋和諧號（Harmony of the Seas），貝里茲4星。而2018年更即將有近23萬噸海洋交響號（Symphony of the Seas），在歐洲下水營運，我已訂好該船西地中海的船票，準備帶家人朋友去體驗。
3. 最佳月份：可選在4-5月，價錢較便宜，也可以避開暑假。加勒比海暑假容易有颱風，我就遇到過兩次。
4. 近年來因應古巴與美國關係改善，許多船公司紛紛將古巴納入加勒比海航線。古巴具有特殊歷史背景以及人文風情，很值得一遊。

古巴哈瓦那市區的繽紛屋舍。

南美南極行程：
尋找世界的盡頭

玻利維亞　　　　巴　西

巴拉圭

里約熱內盧

智利　　　　阿根廷　烏拉圭
瓦爾帕萊索　　　蒂格雷　★蒙特維多
聖地牙哥★　　　布宜諾斯★
　　　　　　　艾利斯

蒙特港

馬德林港　● 瓦爾德斯半島

大　西　洋

阿馬利亞冰河
沙米恩多水道　　福克蘭群島
　　　　　　　　● 史坦利港

蓬塔阿雷納斯
麥哲倫海峽　　烏蘇懷亞
火地島國家公園　比格爾海峽
　　　　　　合恩角

象島
納爾遜島
奇幻島　　　霍普灣
傑拉許海峽
帕爾默站　　　庫佛維爾島
　　　　　　天堂灣
彼得曼島　布斯島
　　　　利馬水道

2009年我帶了北半球環球60天團剛順利回來，便和一組客人約定好年底要來走南半球環球60天之旅。這個南半球環球團體從台灣出發，旅行非洲、歐洲、南美南極、大洋洲，本篇記述的南美南極之旅，就是這趟旅程唯一一段郵輪之旅。這次郵輪航程是21天，我也略加介紹了航程前後的一些遊程。

此行搭乘荷美航運的維丹號（Veendam）。荷美航運的船都有一種歐式的復古感，享受與舒適度遙遙領先其他船，但平心而論，若以造訪南極為目標，維丹號並不算合適。此船載客量1,258人，5.5萬噸在和以往搭過的船相比噸位很小，但走此航線已算很大的船。事實上這艘船太大了，因為南極公約限制，載客數五百人以上的船不得停靠南極，所以我們只能近岸巡航，無法真正搶灘登陸，僅能將旅程定位成「環遊南美，順遊南極」。

帶團之前，我還遇上了一個「小意外」。幸好還是順利出發，經過60天，順利返國。好險，事後我自己評估，這次帶團的表現，跟平常並無不同，團員也都非常滿意。

此行搭乘的維丹號。

意外的驚喜

2009 年 10 月，我看著驗孕棒上那兩條線，腦中一片空白。

怎麼可能，怎麼能選在這個時間。我還有許多事情等待完成。南半球環球團也正在如火如荼的辦簽證中。距離出發還有不到兩個月。

我與老公 2007 年底結婚，總覺得事業未有成就，我們還沒準備好要生小孩，也一直都有避孕。怎麼可能？不會是在這樣尷尬的時刻，要迎接未來的寶貝吧。

不對，一定是哪裡弄錯了吧！抱著最後一絲希望，我去馬偕醫院掛號檢查。

醫生看完檢查報告，劈頭就問我：「你這是怎麼懷的？」
怎麼懷的……難道我要跟你報告細節嗎？
「就一個月黑風高的夜晚，我老公……」
「我是問你，是自然懷孕的還是人工受孕的？」醫生趕忙打斷了我的話。
「當然是自然的！請問有什麼問題嗎？」我忐忑不安地問。
醫生露出微笑說：「恭喜你，劉太太，你懷了雙胞胎！」

什麼？怎麼可能？這一切都是開玩笑吧！腦中一聲轟然巨響。事後問母親，家族裡的確有雙胞胎的基因。

從醫院出來後，我和老公的心情一下子跌到谷底，一點都高興不起來。

當天晚上，我整夜輾轉難眠。我不斷跟神禱告，思考著各種可能性與解決方案：主呀！這是祢給我的考驗嗎？幫助人環球旅行是我的人生志業，南半球團是我和團隊努力近一年的心血結晶，已接近出發。現在重新找領隊，不但辦簽證的排程已來不及，機票船票皆無法更改，且我怎能辜負這些支持我們的團員，讓公司蒙受損失。但如果如期出發，我真的可以嗎？

該不該帶這一團，是我這輩子最難做的決定之一。

我求神給我一個「徵兆」，告訴我該怎麼做。

隔天早上一下樓，就遇到樓下的鄰居大姐莊醫師，她是經驗豐富的婦產科醫師，且有參團遊歷超過百國以上的旅遊經驗。我請教她的看法。

「應該可以喔！」她幫我仔細推敲，發現旅程剛好是在懷孕第四到第六個月，最穩定可旅行的階段。她在這麼多年參團旅遊的經驗裡，也曾遇過很多領隊是懷孕帶團的，她們的狀況也都很 OK。

「只要你不雞婆地主動幫旅客搬行李，應該就沒問題！」

她的建議，讓我安心不少，但一切還是要跟公司討論。我對高層主管仔細地報告了這個情況，高層認為：「臨時換領隊並不是很好的作法，能克服困難，也正是我們公司的精神！」這跟我的想法，正好吻合。感謝主題部的主管游國珍總經理，慨然允諾在靠近後半段，南美與南極的部分，加派一位副領隊 Leon（張良復）大哥，從里約熱內盧開始前來南美支援 22 天，更讓我吃了定心丸。

巴西　多元熱情的國度

我們在倫敦過完聖誕節，就搭機來到巴西聖保羅，南美天氣晴空萬里，和濕冷的歐陸簡直是天壤之別。隔天我們由號稱熱帶巴黎的瑪瑙斯（Manaus）開始，一步步深入亞馬遜雨林，為南美南極的冒險暖身。

Ariau Amazon Tower 樹屋旅館。

亞馬遜河上游的 Ariau Amazon Tower 樹屋旅館，一抵達，就有穿著像是亞馬遜女戰士的員工跳著舞出來迎接，我馬上了解，這將是豪華版的亞馬遜體驗。漫步在連接各棟樹屋的長步道，常會看到各種猴子，還有金剛鸚鵡。晚上跨年之夜，旅館安排了一場森巴舞表演，出乎意料地精采呢！

接下來三天兩夜，在生態導遊 Tina 的陪同下，展開雨林探索。我們造訪了 Acajatuba 原住民村落，並在雨林中健行。Tina 是位標準「女漢子」，剛毅豪邁宛若亞馬遜女戰士，帶著開山刀在雨林中為我們開路，詳細介紹了各種植物生態，如喝水樹、火炬樹。在 Anavilhanas 保護區附近，小船駛在壯闊如海的黑河上，還看到樹獺、粉紅海豚、金剛鸚鵡等生物。

聊起來才發現，Tina 年輕時曾戀上一位台灣男子，還曾經為愛走天涯來過台中，可惜兩人沒有結果。她至今未嫁，總讓我們覺得，是台灣郎辜負了這位巴西女子。Tina 也擅長黑色幽默，例如我們釣食人魚（Piranha）時，船頭放著一些用來當魚餌的碎肉，團友好奇問那是什麼肉，她冷笑一聲說，那是「愛抱怨客戶的心」。看著小艇四周亞馬遜河水深不見底，大家頓時噤聲不語，生怕再不識相的話，待會兒會被直接推下船餵食人魚呢。

釣食人魚滿載而歸，回旅館廚師幫我們烹調加菜，魚刺稍多但滋味鮮美。

「夜訪凱門鱷」很刺激，入夜時乘船在雨林中，船夫用探照燈照射，只要一看到雨林深處有小紅點，就知道是凱門鱷眼睛視網膜反射──說時遲那時快，船夫噗

食人魚湯！尖牙還在呢！

船夫抓回凱門鱷，供大家「傳閱」。

通一聲跳下水，抓到一條凱門鱷回來，讓全船一一傳閱欣賞再放回水中。我覺得，這些船夫為了取悅觀光客，簡直犧牲太大了！雨林裡不只有小型凱門鱷，如果探照燈反射的是大的紅點，船夫跳下去，就該換他被抓到鱷魚群裡「傳閱」一番，回不來了吧！

充滿熱情與張力的探戈表演。

大西洋　重訪探險家的航程

這趟旅程從里約熱內盧上船開始，就沿著許多著名探險家走過的足跡航行。我們的路線和麥哲倫航海環球（1519-1522 年）、德瑞克的環球探險（1577-1580 年）、達爾文和貝格爾號軍艦（小獵犬號）環球航行（1831-1835 年）、庫克船長和 HMS 奮進號的第一次考察（1768-1769 年）……的南美洲航線如此吻合，一想起來就熱血沸騰。

我們航行的拉普拉達河口，遼闊的河面，就曾被麥哲倫船隊誤以為是通往新的海洋的入口，後來經過實際調查，才發現只是大河。那也是個西方探險家脫口而出的一句話，就可能成為永久地名的時代，例如里約熱內盧是葡萄牙探險家卡拉布爾的「一月之河（Rio de Janeiro）」，布宜諾斯艾利斯是來自西班牙探險家門多薩的「空氣清新（Buenos Aires）」，烏拉圭的蒙特維多據說是麥哲倫的「我看到山了（Monte vide eu）」。

在蒙特維多，我們透過船上安排，先到市區遊覽，新古典主義風格的國會大廈美輪美奐。接著開往郊區，造訪 Bouza 酒莊。沿途綠樹成蔭，鬱鬱蔥蔥。抵達歷史悠久的酒莊，裡面還展示了非常多骨董車，在莊園參觀酒窖之後，一面欣賞探戈舞，一面品嘗現場烤肉（Asado），搭配酒莊產的香檳酒。

烏拉圭人是全世界最會吃牛肉的國家，畢竟血液裡也有著高卓人的豪邁性格，現烤牛肉分量大到不像話，咀嚼起來鮮嫩多汁，非常美味。在葡萄藤架旁，欣賞著

現場音樂表演，探戈演出火辣且真情流露，令人屏息。

第 13 天船在阿根廷巴塔哥尼亞地區東部的馬德林港停靠，巴塔哥尼亞得名自麥哲倫探險隊上岸時的一句驚呼：「喔，巴塔哥（Patagon）！」意思是「大腳」──因為他們看到的是當地人穿著鹿皮鞋，在沙灘上留下的大腳印（有問過當地人的意見嗎？）。

我們乘車前往瓦爾德斯半島保護區。這個深入大西洋的棒槌形半島，是全世界最大的海洋哺乳類動物保護區，1999 年被 UNESCO 登入世界遺產。車先開過一片荒蕪的凍土草原，點綴一些灌木。沿途偶爾看到野生的羊駝群及長耳豚鼠、紅鹿等。不過真正的精采在海岸線，有一群為數不少的麥哲倫企鵝聚集，數千隻瓶鼻海象、海獅、海豹，沿著東部數英里的海灘漫遊曬太陽。我們來到一片懸崖邊，觀測一群南海獅，現在剛好是繁殖季，可以看到出生不久的小南海獅，雄性南海獅正忙著宣示領域，他們有的可重達 350 公斤，濃密的鬃毛真像極了獅子呢。

在福克蘭群島，我們乘著四輪傳動車，來到 Sparrow Cove 企鵝觀測站，這裡有一群巴布亞企鵝（Gentoo penguin），又稱作紳士企鵝。這個季節來可以看到很多毛色較淡的企鵝，就是小企鵝寶寶。這群像幼兒園小朋友一樣活潑的生物，對我們這群外來者也頗好奇，一直主動接近我們，雖然我們遵守南極公約規定，和企鵝保持五公尺距離，但是，企鵝才不管這麼多呢，不怕生地一直朝我們靠近！

海灘邊群集的南海獅。

企鵝不斷朝我們逼近，活蹦亂跳，和小孩子一樣活潑。

這裡已經是亞南極區，地上有許多苔蘚地衣。沿途經過一群群綿羊群，據說福島綿羊超過 50 萬頭，企鵝有 77 萬隻，皆比當地人口 2,932 人（2012 年）還多出許多。這裡主要靠漁業、觀光業跟農業為主，但是政府也發展礦業和石油探勘產業。豐富的天然資源，曾在 1982 年引起英國與阿根廷的主權爭奪戰。

南極半島　精采四天巡航

南半球水手流傳一種說法：「南緯 40 度之後，沒有法律；南緯 50 度之後，沒有上帝；南緯 60 度之後，沒有常識；南緯 70 度之後，沒有智能。」過了福克蘭群島後，就進入所謂「狂暴 50 度」，海象開始顛簸，在船上走路開始「rock & roll」，左搖右擺。

感謝 Leon 大哥支援此段翻譯日報表與帶團工作，讓我在這一段稍作喘息，甚至幫我帶來了我的郵輪帶團小道具——卡拉 OK 與麻將。

正式進入南極，放眼所見皆是壯麗景致。

團裡最年長的陳桑（我們戲稱團長）號召下，Leon 大哥有時也被徵召進方城之戰中，陪著團友打牌兼聊天。隨著南極冰川的靠近，他們並不跟其他乘客出去甲板吹風受凍，只在落地窗前，一面切磋廝殺，一面好整以暇地享受美景。事後，「團長」陳桑說，在南極打麻將，是此行最過癮的經驗呢！

可能，他們還創下了在地球最南端打麻將的世界紀錄。

說起「團長」陳桑，他從貿易領域退休，獨特的旅遊境界，讓我佩服得五體投地。他在這次的南半球環球 60 天，還有隔年的北半球環球 60 天，兩次環球旅程，創下幾項紀錄：
第一，他沒有攜帶相機或任何的拍攝設備。理由是，不想在有一天離開時，晚輩還要負責整理堆積如山的旅遊照片，丟也不是，不丟也不是。所以當團員們每一站在努力搶拍風景時，只有他，用眼睛當相機，睫毛當快門，靈魂當底片，真正好好欣賞了每一刻。
第二，他從來不買東西。兩趟整整 120 天，連一張明信片都沒有買，他說所有需

進入「尖叫60度」後，甲板上覆滿白雪。

與浮冰錯身而過。

一邊航行一邊堆雪人。

要的東西，家裡都已經有了。簡直是「斷捨離」的最高境界。

第三，陳太太對旅行沒有那麼感興趣，據說他二話不說，提撥了和團費一樣的預算給另一半自由運用，獲得家人高度支持。

他唯一擔心的是沿途換洗衣物問題，於是帶了60件免洗褲，也運用了旅館送洗服務，很乾脆地搞定這個小煩惱。

航程第17天，我們正式往南極地區前進，沿途信天翁迎風飛翔，晚上八點正式進入「尖叫60度」的地區。風浪不大，海上也出現巨型浮冰。天空下起雪來，甲板被雪覆蓋，有人堆小雪人，還打起雪仗，興奮叫聲不絕於耳。原來「尖叫60度」是這個意思呀。

可惜因為能見度差與天色太暗，船無法靠近象島，只能遠遠向我心目中英雄，歐內斯特・沙克爾頓致敬，他率領的南極遠征隊「堅忍號」當時被浮冰困在象島，他率領五人遠征到南喬治王島，經歷了艱苦，最後返回象島將組員救出，一個都不少，實乃人間真英雄也。我也希望學習他的精神，來帶領每一次的團體。

出發前醫師告知說，我懷的可能是兩個男孩，面對腹中日漸成長的生命，我每天小心翼翼維持身體健康，禱告求神保守他們。也每天和兩兄弟實況報導，告訴他們現在走到哪裡了。懷雙胞胎最怕

養分吸收不平均，成長較慢的寶寶就很危險。我也天天叮嚀他們，不可以有一個成長得太快，一定要等對方一起長大。

晚上在郵輪的音樂會，我首次感到腹中如觸電般的震動，好特別的感覺，是他們在踢我！可能其中一個寶寶，聽到優美音樂，忍不住敲一敲說：嘿！有人在外面嗎？

在南極的第三天，是景色最令人讚嘆的。我們進入多爾曼灣（Dallman Bay），在海上看到庫佛維爾島上，有一群紳士企鵝，連浮冰上都有企鵝。還遇到幾艘船，「Akademik Ioffe」下錨，「Las Palmas」正要離港。之後開到天堂灣，這裡有阿根廷屬布朗海軍上將研究站，我覺得研究站一定有特別選擇過風水，因為岩壁與冰山看起來就像個鳥頭，鳥嘴就這麼不偏不倚地指到研究站，靠近一看，研究站旁就是一群企鵝的棲息地呢。之後經過岡薩雷斯·魏德拉智利站。

進入俾斯麥海峽，開進入利馬水道（Lemaire Channel）時，船舷兩岸幾乎緊靠著船身滑過，乘客們也顧不得低溫，都在甲板上流連忘返。最後在下午兩點二十分，船開到此行最南點，南緯 65° 04' S，開始掉頭折返。我們懷著不捨，看船巡航在諾伊邁爾海峽、傑拉許海峽、紹萊爾特水道和達曼灣，最後在昂韋爾島西海岸過夜。

皚皚冰雪間的岩壁，好像鳥嘴一樣指向研究站。

第四天一早，郵輪邀請科學家上船做演講。這裡有一個美國的南極帕爾默考察站，也是生物學研究中心，這個研究站屬於美國國家科學基金會，夏季可容納 44 位科學家，冬季約 20 位。科學家們看來都非常年輕，聽他們自我介紹，有人研究海洋生物，有人監測地震、大氣和紫外線輻射。其他研究以海洋物

我們到甲板上目送科學家們離開。

理學、海洋地質學為主。但大家更關心的，還是他們在南極的生活日常。他們說研究站裡有宿舍間、公共浴室和自助餐廳，每個人都協助清潔打掃，許多人會參加每週科學講座和社交活動。

之後在中午時分，科學家要返回研究站。離開前，全船在甲板上目送離開，人山人海歡送的盛況，惹得科學家們也不斷回頭拍照。極地荒寒，歲月悠悠，我猜他們應該很喜歡偶爾上郵輪簡報吧。

船開始往北開，一直到第五天早上五點，船正式離開南緯 60 度，結束如夢似幻的五天四夜南極巡航。

烏蘇懷亞　世界的盡頭

第 21 天，船進入火地島世界最南端的城市，阿根廷的烏蘇懷亞（Ushuaia）。前望比格爾海峽，後面是 Fuegan Andes 山。因為位在南美洲大陸的盡頭，到處都是打著世界最南端名號，有世界最南餐廳、世界最南酒吧、世界最南郵局等名號。連我們到火地島國家公園，搭乘以前載囚犯，現在載觀光客的窄軌火車，名字也叫作世界盡頭火車（Tren del Fin del Mundo）。

「世界的盡頭」到底在哪裡？

全世界有許多角落都有這個美麗的名字。地理上,只要是大陸疆界邊緣,如烏蘇懷亞、塔斯馬尼亞、好望角、洛卡岬、格陵蘭、北角、朗伊爾城,都被稱作世界的盡頭。

歷史上,也有世界盡頭。例如對亞歷山大大帝來說,越不過的天山山脈是他終其一生無法突破的世界盡頭;對史考特與阿蒙森而言,南極極點當然是世界的盡頭。

文學電影中的世界盡頭,比較浪漫。對三毛來說,滾滾黃沙的撒哈拉沙漠就是世界的盡頭;對《傷心咖啡店之歌》的馬蒂,馬達加斯加島才是世界的盡頭;電影《春光乍洩》裡,火地島南端孤懸在海島上的燈塔,象徵著把愛與悲傷留在世界的盡頭。

世界的盡頭,存在旅人的極限裡。

我很期待,一直在心中想像,有一天會旅行到一個地點,是屬於我的「世界的盡

返航南美,終於在世界的盡頭重見到碧綠。

頭」，那是真正的天之涯，海之角。當我費盡千辛萬苦，終於到達時，看著那特殊的景色，我會知道我追尋的「就是那裡」。

來自世界盡頭的明信片。

那天下午在烏蘇懷亞港，我凝視著這座絕美小鎮，時間似乎在此靜止，我心感到前所未有的自由，人生其實是海闊天空，我熱淚盈眶。我知道，是這裡。我來了！而且不是一個人，多麼特殊的時刻。正像港邊寫的那一句標 語： End of the world; beginning of everything.（世界的盡頭，一切的開始。）

感謝有幸能生而為人，感謝生命不凡的恩賜，感謝神恩領我走到此。

我在這裡寄出了一張明信片，給未來的孩子們，寫滿在世界盡頭，想對他們說的話。

太平洋　風浪大考驗

在南極北返時，在德瑞克海峽竟風平浪靜，讓我太過掉以輕心，結果在阿根廷一出火地島，這趟航程就送了我們一記回馬槍。離開麥哲倫海峽，航行在太平洋時，連續幾天，船晃動到走路都快舉步維艱的程度。接下來兩天整日海上航行，晚餐出席的人越來越少，大家都在房間抱著枕頭力求生存，船員乘客見面打招呼的方式，也改成彼此分享治暈船小祕方——吃法式麵包、蘇打餅乾、青蘋果、薑片等。

我躺在床上，一邊被船身上下拋動，　邊還在漫遊通話聯絡台灣主管，確認後段跨洋航班與團體安排細節。我的手機在全球很多大城市都沒訊號，唯獨在南極附近地區竟每天都滿格，果真如廣告說的「沒有距離」！

有天中午我跌跌撞撞地端著盤子，走在自助餐廳，突然忍不住一陣反胃，快步衝到化妝室門口，已來不及。早餐伴隨胃酸，連著眼淚稀哩嘩啦地吐了一地。

服務生馬上清理乾淨，還遞給了我一杯水。後來我回想我總共搭了 300 天的郵輪，至今暈船經驗不到五次，一次「北海」天候不佳、一次「加勒比海」遇颶風、一次在季末的「東地中海」，都只稍感不適。但唯獨這次嚴重到如此失態，至今想起還是很難為情（掩面）。

天堂峽谷、復活節島　往家的方向

郵輪終於在智利瓦爾帕萊索（Valparaíso）靠岸，它的地名含義是「天堂峽谷」，恰能描寫水手見到此地的興奮。英國民謠歌手史汀有一首歌，就是以此地為名，歌詞中寫道：「追趕著天狼星，在海上航行，家中我的真愛，在等我的歸音。用

天堂峽谷港邊的層層屋舍，等待著水手歸來。

我們特別選一年一度的 Tapati Rapa Nui 造訪復活節島，晚上去參加了在 Hanga Vare Vare 舉辦的表演，舞台上精采復古的演出，重現復活節島的歷史。

南風做繩索，用星辰做風帆，月光當動力，我們才能安全地繞過合恩角，去往瓦爾帕萊索……她怎會知道我見過怎樣的惡魔呢，海上的南十字星……」史汀的吟唱，搭配風笛聲，宛如遊子在禱告。

在大海的遼闊前，我們渺小得就像一顆被沖上岸的小石頭。

隔天搭機飛往復活節島，團裡有兩位體貼的紳士，詹先生與廖小哥，每次上飛機時都會衝過來說：「你不要動！」然後幫我把小行李箱放上架，讓我非常感動。

到了復活節島，除了著名的摩埃石像、肚臍石及 Rano Kau 火山口附近的鳥人祭祭祀點外，我們還參加了一年一度的 Tapati Rapa Nui，看島民分兩隊，各擁護一位美女，為她們賣力競賽，爭奪女王頭銜。晚上在 Hanga Vare Vare 觀賞演出，演員如古代一般赤裸身體塗著油彩，以詼諧的戲劇表演重現復活節島歷史。這是

雙胞胎寶貝穿上了巴西球衣。

一段小島上不斷消耗天然資源，最後導致人吃人的故事。表演雖然逗趣，還是很令人引以為戒。

環球第 52 天，我們從南美洲飛往大洋洲，繼續後面的環球旅程，家，越來越近了。

感謝神保守，2010年5月，老公和我喜迎雙胞胎出生。還好他們有乖乖聽媽媽的話，待到38週，雙寶體重分別是2,806與2,866公克。感謝馬偕醫院王國恭醫師與黃鈺惠醫師悉心照料，尤其黃醫師在環球沿途常寫e-mail關心我的狀況，令我倍感溫馨。

另一個意外的驚喜，就是我後來又和我們在阿根廷的華裔導遊Eric（苗啟誠）重逢了。

Eric是位很有服務熱誠的年輕人，不但導遊做得專業，當時團裡廖小哥的相機遺失了，也是Eric克服種種困難幫我們找回寄來台灣的。

昔日熱心的阿根廷年輕人，今日旅遊界的「玩美南人」。

為了感謝Eric的協助，2011年廖小哥盛情邀請Eric來台灣旅遊，並高規格招待。在南美出生長大的Eric，第一次踏上台灣，非常感動於這片土地的人情。廖小哥特別打了一通電話給我，於是我協助安排了公司面試，促成了後來Eric來台工作的機緣。

當初台灣旅遊市場對中南美洲仍不熟悉。這位「玩美南人」果然不負眾望，開創了非常多精采的行程，帶動了南美深度旅遊，幾年內打造了業界第一的出團量，並榮獲金質旅遊獎肯定！

沒想到小小的一台相機，給台灣旅遊業帶來大大的變化呢。

相關資訊

1. 荷美航運維丹號（Veendam），載客人數：1,350人；服務人員：580人；總噸位數：57,092噸；下水年份：1996。2017年《貝里茲郵輪年鑑》評為3.5星。

2. 來到南極，但無法搶灘登陸。船上乘客有人不在意，但也有人覺得無法登陸，總是缺憾。有些船公司會提供岸上觀光「包機南極登陸」行程。維丹號原先便是規畫由智利亞雷納斯港，包機飛到南極喬治王島降落，並搭船遊覽。價錢非常昂貴，一日遊索價3,399美元（這價錢夠我買低價郵輪船票旅行50天了）。結果後來天候不佳，包機臨時改飛到智利百內國家公園，船公司也退還乘客價差。

3. 巴西近年信用卡盜刷，非常嚴重，我曾在2015年被盜刷數萬元台幣，還好及時通知銀行止付，加上能證明我已離境，所以後來銀行承擔所有損失。據當地人說這已經是從銀行端盜賣資料的集團犯罪，防不勝防。建議在巴西盡量別用信用卡，信用卡也要有簡訊通知功能。

4. 福克蘭群島各熱門企鵝保護區多需船隻或四輪傳動車才能抵達，宜事先安排好行程，否則可能只能在史坦利港散步（旅遊資訊可參考：http://www.falklandislands.com/）。

5. 順遊建議：假期與預算允許可把伊瓜蘇瀑布，甚至秘魯等也納入。如果規畫到此區搭郵輪，可以留意是否能搭配參加到嘉年華會，尤其是里約熱內盧的嘉年華會遊行，是地球上最強的慶典，我曾參加過兩次。強烈推薦，今生必遊！

從瓦爾德斯半島保護區眺望鳥島（Isla de los Pajaros）。據說《小王子》作者聖艾修伯里曾在此區擔任過郵政經理，書中提到蟒蛇吞掉大象的圖畫，靈感就是源自於此。

東西地中海郵輪自由行：
與歐洲各國旅客同航

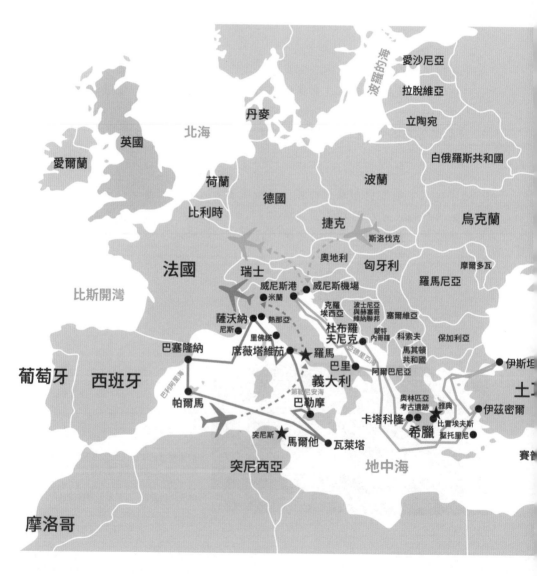

2011年我當母親之後，出門工作帶領的郵輪團體中，有兩團讓我印象非常深刻，都是歌詩達郵輪。分別是5月的協和號（Concordia）的西地中海，和同年11月至臻號（Favolosa）的東地中海航程，兩趟都是11天。這也是我當時能離開雙胞胎時間的極限。

歌詩達是歐洲最大的郵輪公司之一，乘著歐洲籍的船在地中海國家遊覽，感覺更能貼近歐陸文化。這兩趟地中海航程和其他航線較不同的是，我們事先不安排靠岸行程，而是採取近幾年台灣旅行社越來越流行的「郵輪自由行」，由領隊協助在船上報名行程，或自行探索。

分析起來，會來參加此種走法的人，年輕人比例較高。通常不是想省荷包，就是不喜歡傳統跟團方式，但他們仍希望有領隊協助。偶爾也有較年長或行動不方便者，選擇自由行，相對比較輕鬆。

歌詩達協和號。

雖然這些港口以前我大都來過，血液裡難以抹去的背包魂，也促使我更深入去研究每個港口還能有何新玩法。我翻譯了每個岸上觀光遊程內容，並且針對各站想自己探索的人，也整理了清楚的自助旅遊資訊。事後有團友給我回饋，他們因為工作忙，出發前來不及做功課，原本很擔憂，但因為我提供的資訊超級詳實，幾乎各站都可以自己探索，不報名郵輪的岸上觀光，就玩得有聲有色。

席薇塔維茄　謎樣的伊特魯里亞文明

西地中海航程上船地點是羅馬的外港席薇塔維茄。機場到碼頭的路上，我們希望能安排景點順遊。所以當地旅行社建議了一個很特別的地點——切爾韋泰里的「伊特魯里亞（Etruria）遺跡」。它也是2004年UNESCO世界遺產點。

深入了解後發現，這個伊特魯里亞文明，是西元前9世紀，大約中國周朝時期，由伊特拉斯坎人（Etruscan）建立的城邦，後來被羅馬併吞，其文明也被羅馬吸收傳承，可說是羅馬文明的前身。他們擅長貿易、冶金、陶瓷。還有，在歐洲建築與藝術品上常看到標示年份用的羅馬數字，不是羅馬人發明的，是伊特魯里亞人發明的。拉丁字母也是源自此文明。

我算是百無禁忌之人，但來到伊特魯里亞遺跡的Necropoli della Banditaccia，還是覺得這真是詭異的景點，因為它是一座「死者之城」，成千上百、像饅頭的一樣土墩是古墓群，可以進到裡面參觀。想像有個城市的居民，在生前就依照城市的格局，規畫了往生之後要下葬的城市，有街道、小廣場、布局都和活人世界一樣，一座座死後要住的房屋，有精美的壁畫和石雕、走廊和客廳。到另一個世界也要好好生活，親戚朋友永遠「鬥陣」的概念，在人類文明史上，實在是滿有創意的一種墓葬方式，不是嗎？

貼近地中海的航海靈魂

這趟旅程，首先開到義大利薩沃納（Savona），這裡非常靠近我喜愛的熱那亞，第一次看到哥倫布故居的感動，猶在我心。

事先讓團友選擇，幾乎所有人都選擇要去摩納哥的蒙地卡羅。沒想到岸上觀光經理說，蒙地卡羅英文團沒有成團，建議我們改去法國尼斯。還好大夥都隨遇而安，同意更改。如果不想遠征尼斯，船上還有提供義大利夢幻美港──菲諾港（Portofino）或是熱那亞的行程。而少部分留在薩沃納隨意走逛的團友，也覺得還滿新鮮有趣。

尼斯的聖尼古拉主教座堂，是俄羅斯以外最大的俄式東正教教堂，因為俄國皇室貴族鍾愛到尼斯避寒，此地有非常大的俄國社區。尼斯到處都是19世紀末歐洲貴族「美好年代（Belle Époque）」遺留下來的建築。從英國人散步大道走到底，爬上城堡山，是我最喜歡的拍照點。回程導遊還指出艾爾頓・強的房子，是棟有黃窗的紅房子。來尼斯才知道，沒有陽台的房間多麼可悲，法國人從不吝於站出來，展示他們的生活。

從城堡山眺望尼斯的海灘，以及「美好年代」遺留下來的建築。

後來發現，歌詩達的岸上觀光，因船上英文人口還是少數，每站通常只有一兩個英文行程會開團成功，並且會與各國旅行者併團，以尼斯之旅為例。車上有兩位導遊，講解時，每段話皆用俄文、西班牙文、德文、英文各重複一遍。

「多語言，多聲帶」是此航線的特色，歌詩達是歐洲人的「國旅船」。不管什麼活動，主持人都會同步講四種以上語言，如義、英、西、法、德、俄文……雖然也夾雜很多聽不太懂的歐洲笑話，但整體氣氛很歡樂有趣。連活動也走歐洲風，例如在西地中海航次有舉辦了慕尼黑啤酒節，將各種啤酒節慶典小遊戲搬到中庭，廚師在一旁免費供應各種德式香腸烤肉，只有啤酒要收費；而東地中海航次則乾脆來個威尼斯嘉年華遊行，船上還提供租借華麗衣服。

隔天在巴塞隆納，高第建築對我而言是最「非看不可」的景點。幾年前和老公自助旅行到此，曾在聖家堂前目瞪口呆，驚嘆世上怎麼會有這種建築。每個人人生中第一次看到聖家堂、米拉之家、奎爾公園等的時刻，只有一次，千萬不要太過匆忙，要慢慢欣賞。

歐洲人度假的後花園

如果加勒比海是美國人的後花園，地中海一定就是歐洲人的後花園。尤其是歐陸較北端的國家，到溫暖的地中海曬太陽避冬的傳統，自古以來即有，可說是從歐洲皇室、藝術家、到平民百姓的共同嗜好。其中尼斯是19世紀貴族的最愛，「英國人散步大道」就是因此得名。威尼斯聖馬可廣場被稱作是「歐洲的客廳」，杜布羅夫尼克、瓦萊塔等都是歐洲的熱門度假勝地。而馬約卡島的瓦爾德摩莎小鎮是蕭邦和喬治桑1838年避冬（不是最近很夯的壁咚）的地點，他們把見聞寫成《馬約卡島的冬天》一書。

馬約卡島地標是帕爾馬主教座堂。導遊說這座教堂特殊之處，在於它是唯一面向

船上辦起了德國啤酒節活動。

高第建築，米拉之家。

麥加方向的教堂，因為是由摩爾人的清真寺改建而成，而鄰近的阿穆戴納宮也曾是穆斯林的城堡。另外教堂的玫瑰花玻璃窗是世界最大之一，圖案融入了猶太教的元素，每年在2/2和11/11兩天，上午八點左右，太陽照耀著東側的彩色窗，兩側的圖案會剛好相映在一面牆上，吸引很多人來觀賞。著名建築師高第曾經來到此，為教堂設計了令人印象深刻的部分裝飾。

我們參加的半日遊，還帶我們到山上的貝爾維城，參觀它的獨特圓形建築。也停留鬥牛場。剩下半日，我帶部分團友在大教堂主廣場附近逛街，在超市品嘗當地食物。也有人選擇從大教堂直接走回碼頭，花費近一小時時間。

同行有對母女，對「龍之洞（The Caves of Drach）」鐘乳石洞行程頗好奇，但郵輪上無英文行程。她們鼓起勇氣報名義大利文團，結果整團四十多位的義大利大嬸大叔們，全程對這對台灣母女呵護備至！語言雖然完全不通，聽不懂集合時間，但整團怕她們走丟，集合時間到必定會提醒她們。大家也比手畫腳，試著跟她們聊天。該行程先去島上第二鎮馬納科，參觀珍珠工廠，再去「龍之洞」地下洞穴，搭船探索地下湖泊，遊湖時還搭配小型管弦樂隊演奏助興。行程結束時，很多人和她們熱情地擁抱道別，讓她們大為感動。

馬爾他黃色城市

經過一日航行後，我們抵達此行我最喜歡的港口——馬爾他的瓦萊塔（Valletta）。它有一個可愛別名「紳士建造給紳士之城」。瓦萊塔整個城市是用一種當地特產的淡黃色的石灰石建造。呈現金黃色澤，有一種特殊的光影，也像剛出爐的麵包顏色。走在瓦來塔街頭，我總有種聞得到麵包香的錯覺呢。

這個城市的歷史，是由來自耶路撒冷的聖約翰醫院騎士團所創建，1565年他們在這裡擊敗鄂圖曼帝國，在此建立了堅固的要塞都市。城市裡保留很多古色古香建築，如精美的聖約翰聯合大教堂、騎士團首領宮、總理府奧伯吉城堡……難怪瓦萊塔曾被歐洲的統治者，稱為「Superbissima」，意為「最值得驕傲的」。在半日遊程結束後，我沿著筆直的街道，一直走到海岸邊半島形狀的星狀堡壘Fort St. Elmo。感覺人民親切，家家戶戶以花卉妝點陽台。拿破崙佔領過，英國統治過的背景，也讓城市呈現多變風貌。

海上遠望瓦來塔淺黃色的建築，像是剛出爐的麵包。

船開在海上時，我們發現遠遠一艘小船，據了解竟然是難民船！時值2011年5月，正值突尼西亞剛發生茉莉花革命後，英美法介入利比亞內戰，同年10月格達費被擊斃。同期敘利亞也爆發內戰，當時造成許多北非中東難民冒險逃離家園。根據統計，非法從歐盟對外國境進入的人數在2011年達到高峰，有14萬人從海上及陸上非法入境。2015年因為敘利亞難民船翻覆，一位三歲小童溺斃在沙灘的照片震驚世人。幸福郵輪與難民船，一海之隔，天壤之別。

西西里島諸神的寓所

我心目中的西西里島巴勒摩經驗，應該是模仿《教父》結局的艾爾‧帕西諾，倒在馬西莫歌劇院的台階上留影；或是到卡普奇尼修道院，一探有8,000具木乃伊

的神祕地下墓園。

然而團員們似乎比較想看一些大場面的古蹟，所以我們就一起報名了「諸神的寓所」阿格里真托神殿谷一日遊。

車子開過了寧靜荒涼的西西里島田野，來到了這座古希臘城市。這裡曾是古希臘繁華大城，人口據信一度高達20-80萬，扼守歐非要道，靠貿易起家。但命運多舛，西元前406年被來自北非迦太基的大軍洗劫，淪為布匿戰爭戰場，羅馬人、東哥德的汪達爾人、拜占庭人、撒拉森海盜、阿拉伯人、諾曼人……輪番統治過。導遊一面介紹，我已經開始同情西西里島的學生，歷史課好複雜呀。

這裡眾多神殿，比希臘還希臘，是希臘以外保存最好的古蹟。其中最壯觀的是奉祀和諧女神的康科迪亞（Concordia）神殿，神廟約建於西元前440-430年，相當於中國歷史上的戰國初期，我們的船協和號也正是以Concordia命名。

結束後我們在一家當地餐廳，享受西西里島小吃，熱情的表演阿伯，硬是要拉我上台同樂，「教父」邀請不敢不從，沒想到他們竟然把麥克風湊到我面前，逼我唱歌。

今日的心得是：〈O sole mio〉（我的太陽），是一定要練會的歌，不然很難在西西里島立足。

康科迪亞神殿。

嶄新的至臻號。

眾神的奧林匹亞

2011趕在歌詩達至臻號新船下水這一年，我又帶一團前往東地中海航線。總覺得歌詩達把最新最好的船，都放在歐洲地中海。

走訪威尼斯和義大利半島「鞋跟」上的巴里後，東地中海的第四天，船停在希臘的卡塔科隆（Katakolon）。這站我們抱著振興希臘經濟的心意，報名了岸上觀光，前往奧運發源地奧林匹亞。宙斯神殿中曾放有高13.5公尺的宙斯雕像、古競技場可容納四萬人的壯觀場地……現在僅能用想像彌補了。看奧運的遺跡有一個意義：就是未來每四年，我們可以回憶一次這趟旅程，因為每屆奧運聖火，至今仍是從赫拉神殿取火的。

行程結束後安排來到海濱餐廳，一面聽演奏，一面品嘗菲塔乳酪、橄欖等小吃。我們喝了號稱「希臘的火焰」──加了水的乳白色烏佐酒後，好像被催眠一樣，大夥被拉下場大跳希臘土風舞瑟塔基舞（sirtaki）。希臘的人生哲學是盡情享受生活，海邊咖啡座的人潮依然很多，看起來一點也沒有歐債危機嘛。

這一站因為遺跡裡地面崎嶇不平，團裡的長者及行動不便的團員完全無法跟上。

而為了幫忙解說，我也無法全程協助這些人，還好有熱心夥伴幫忙推輪椅。到了下一站伊茲密爾，這些夥伴若前往以佛索古城，恐怕沒辦法走在崎嶇不平的古蹟中。後來我安排好了其他團員參團，就包車帶這部分的人，就近造訪伊茲密爾港邊的景點，如安哥拉古市集、山頂上的卡迪菲卡雷城堡遺跡、市集、科納克廣場與濱海大道等。

土耳其奇遇記

團友有位小姐，和我是台南同鄉，甚至高中也同校，所以我稱她「學姐」。因為小兒麻痺影響，行動較不方便。到土耳其伊斯坦堡時，團友分散到各團，而學姐說想跟著我走。於是我帶她買了hop-on hop-off的巴士車票，從歐陸端托普卡匹皇宮，經過聖索菲亞大教堂，穿越博斯普魯斯大橋到亞洲端的貝勒貝伊夏宮，再繞回來，一路看風景慢遊。

我在車上邊與司機聊天，一面打聽各站情況，司機大哥與同事非常熱情，一直推薦我們各站特色。後來我們在著名的新清真寺下車。正在廣場拍照時，沒想到遠遠就看到剛剛的司機大哥朝我們走來。

原來他為了想帶我們認識伊斯坦堡，竟然將車子交給同事，公車也不開了，提早下班。本來打算給我們一個大驚喜，但一看到我露出驚訝且猶豫的表情，頓時覺

在海濱餐廳大跳瑟塔基舞。

這位司機大哥熱情好客，他丟下工作陪我們逛伊斯坦堡。

此行也停靠克羅埃西亞的杜布羅夫尼克，該城被稱作亞德里亞海的珍珠。我們在舊港等待接駁小船。

得自尊心受損，司機大哥竟然一轉身就掉頭離開。

我趕忙把他追回來，其實真有點受寵若驚，沒想到土耳其人如此熱情好客。後來他帶我們到處逛逛，並去熟悉的店家，品嘗土耳其小吃。之後再帶我們去喝杯土耳其咖啡，並體驗抽水菸。學姐第一次體驗水菸，覺得很新鮮有趣，水果口味氣味芬芳，更難忘的是土耳其的人情味啊。

之後，我們到香料市集尋寶，到處販賣的香料、掛毯、軟糖、圍巾琳瑯滿目，物美價廉。回到船上後聊起，大家都很有斬獲。有一對來度蜜月的夫妻參加「超級伊斯坦堡」全覽型的行程，十小時內看遍伊斯坦堡所有菁華景點，並且午餐還安排在著名的佩拉宮享用呢（阿嘉莎・克莉絲蒂就是在此寫出《東方快車謀殺案》）。他們懂吃且有品味，此行沿途也專攻米其林餐廳，收集了許多不錯的體驗。

至臻號才藝秀

每一趟旅行都會遇到有趣的人，「鋼琴阿伯」是其中之一。這位團友陳先生據

郵輪上最不缺鋼琴。阿伯彈得快樂無比。

說是鋼琴老師退休，打從一見面他就跟我說，他這次旅程要「作秀」。上郵輪後，鋼琴阿伯只要一看到鋼琴，就會主動前去彈奏，沉醉忘我的神情，誇張的彈奏動作，每次都會吸引旁邊很多人圍觀。

偏偏郵輪上最不缺的就是鋼琴，他簡直如魚得水極了。有時他會直接坐在中庭，氣勢萬千地即興彈奏演出，直到聚集的人圍滿各樓層，再享受如雷的掌聲。我見機不可失，立刻協助他報名「乘客才藝秀」。順便也邀請團裡的小美女翁小姐加入。

經過海選，兩人輕易脫穎而出。決賽不分名次，直接六組參賽者在秀場，對全船三千多位乘客演出。我動員了全團團友前往加油，小美女上台演唱了知名《鐵達尼號》電影主題曲：席琳‧狄翁的〈My Heart Will Go On〉（我心永恆），果然不負眾望，結尾高音飆得漂亮！船公司也安排了凱撒大帝、眾美女、獅子等在舞台上搞笑，獅子和凱撒還擺出傑克與蘿絲的招牌航海動作，讓觀眾都笑翻了。小美女下台後對我說了句：「郵輪太好玩了！」

輪到「鋼琴阿伯」，他可是有備而來。大家一定聽過〈給愛麗絲〉這首世界名曲（台灣垃圾車主題曲）吧？阿伯正是表演這曲子，但還配上自寫的中文歌詞，據說靈感是來自一段戀情，他邊彈邊唱：「你是我最親密滴愛人，天天相見，快樂無比……你是我最親密滴愛人，天天相見，快樂無比……啦啦啦啦啦啦啦啦啦……（歌詞就是一直重複這幾句）」。後面再搭配一段華麗的花式鋼琴演奏。表演結束後掌聲如雷，久久不歇。

之後「鋼琴阿伯」真的如願爆紅了！不管走到船上哪裡，都有老外主動對他唱「你是我最親密滴愛人……天天相見……」。他們不會中文，卻都會唱上兩句，因為這首歌實在太洗腦了。

回家前「鋼琴阿伯」跟我說，下次有帶郵輪團，一定要再找他呀！

歌詩達郵輪的特色

這兩趟航次，是我首次搭乘「歌詩達」這家義大利船公司的郵輪，和我以前常搭的郵輪不太一樣，總結幾點心得：

其一，裝潢較現代大膽。至臻號的原名Favolosa，在義大利文是「美妙的」或「神話般」的意思。中庭用了很多亮晶晶的石材，幾何排列營造寶石感覺，讓這艘船很「bling-bling」。裝潢用大幅輸出的海報裝飾，包括電影海報。而2010年旅行社安排全團住在歌詩達自豪的Samsara SPA套房，從房間可以直接穿著浴袍走到SPA區，享受各種設施，也是創意大膽的設計。

Bling-bling 的郵輪內裝。

其二，表演也大異其趣。表演很少出現美式百老匯大場面秀，反而比較像「太陽馬戲團」，歐風藝術感的演出。例如從舞台高處吊鋼索下來舞蹈，力與美的結合，還搭配雷射光製造氣氛。11萬噸左右的船整體熱鬧好玩，不怕無聊，船上有4D電影院、格蘭披治賽車模擬器、海盜船滑水道等設施。

其三，客群組成不同。雖然船上多聲帶廣播有點吵，但我遇到的歐洲人素質都滿不錯。而因為歌詩達有「18歲以下小孩跟父母同住免船費」政策。船上小孩非常多，到處都是可愛寶寶，船上還特別辦寶寶足球錦標賽活動。相較於美洲的船常常塞滿大胖子，歌詩達在歐洲的船性感得多，船員都是好看的型男正妹，乘客肥胖者比例不高。船上還大辦性感情侶選拔、性感舞會、辣妹時尚走秀……等活動，這要感謝地中海區的健康飲食吧。

談到飲食，我就要小小抱怨一下。歌詩達是義大利的船，義式料理道地沒話說，尤其船上的薄片現做披薩是我吃過最美味的，還有樣式齊全的所有種類義大利

未成年人與父母同行免費，船上到處是可愛寶寶。

麵。在船上也能好好享受如鱈魚、墨魚等海鮮、烤鵪鶉、野豬腿等野味。但郵輪客最愛的龍蝦呢？高級牛排呢？在這些船上我都很少見到喔！連付費去Favolosa餐廳，都看不到龍蝦蹤影。

如果對郵輪的期待是吃這類高貴食材的話，恐怕會失望。畢竟歌詩達的船票最後一分鐘促銷時，常出現每天80美金以下驚喜價，船新且大，停點多又精采，看在這麼多優點上，真也不能要求太多。

2012年1月13號星期五，我看著電視那驚悚的畫面：有一艘船正傾斜著沉入海中，正是我搭過的歌詩達協和號！！！

原來是這艘船在走西地中海航線時，船長Schettino為了取悅船上的女乘客，能更近距離和岸邊招手，竟開離航道，導致郵輪在托斯卡尼Giglio島觸礁。船半傾斜沒入海中。然而，在關鍵時刻，船長未指揮救難，竟然棄船逃跑，還辯稱因船傾斜才滑下跌落救生艇，並拒絕港口人員要求返船指揮救援指令。他被傳媒稱為「懦夫船長」、「最討人厭的義大利男人」。後來被判刑16年。

我連忙翻箱倒櫃，找出我們和船長的合照，和電視上的畫面比對——還好不是同一位。

郵輪發生意外，與其他交通工具相比，機率是低很多的。但在媒體報導下，此船難立刻成為全球知名的負面案例，也重創了歌詩達的企業形象。

這次船難，船上的四千多名旅客有32人死亡。令人哀悼。據說當時台灣有13位旅客在船上，所幸事發後全部獲救，平安回來。而公司退還船費外，賠償每人至少1.1萬歐元精神損失。

相關資訊

1. 歌詩達至臻號（Costa Favolosa），11.4萬噸大型郵輪，2011年下水，在2017年《貝里茲郵輪年鑑》評3.5星。

2. 東地中海5-11月出航，西地中海全年航行。沿途多點都可以上船，航程皆為八天七夜，可考量想順遊的國家來安排登船點。冬季西地中海雖天候不佳，但可考慮順遊嘉年華：若選馬賽或熱那亞附近上船的郵輪，可參加尼斯嘉年華與蒙頓檸檬節，甚至還可以連威尼斯嘉年華一起納入。

3. 地中海是郵輪一級戰區，甚至供過於求。只要鎖定常態性巡迴行程，季節初（4-5月），或是季末航次（10-11月初）。都有機會買到非常便宜的船票（例如USD 399+或USD 499+或USD 599+）。暑期義大利從7月底到8月底，舉國休假一個月，是最熱門時段，宜避免造訪。

4. 季節末的東地中海天候變數多，風浪也較大。我曾遇過11月初下船那天威尼斯港濃霧，郵輪臨時改停翠絲特（Trieste）港，延誤了兩三小時；那次在德國慕尼黑轉機時，又遇到大風雪班機停飛。所以季末船票雖便宜，天候風險卻較高，也需考慮進去。

歌詩達郵輪顯眼的黃底藍色C字煙囪。

阿拉斯加冰河之旅：
深入荒野大冰箱

阿拉斯加州

安克拉治
學院府冰河

惠堤爾

懷特山口
冰河灣國家公園
史凱威

朱諾

加

阿拉斯加灣

凱契根

太 平 洋

溫哥華

西雅圖

2011年8月，我帶團前往阿拉斯加郵輪航程。要搭這條航線，首先要飛到溫哥華上船，之後再向北航行。夏季來到溫哥華，氣候非常宜人，是最理想的旅遊季節。郵輪離開時我回望著帆船形狀的加拿大廣場，這是我最喜歡的溫哥華景象之一。回到我熟悉的鑽石公主號（Diamond Princess），再次見到首席行政事務長Helen Kimber，真是倍感親切。這一趟她也如以往提供我們團許多協助。

不完美的美好

上船第一天深夜，照例是我的重點工作日，偏偏卻發生了意外的插曲。

因為隔天是整天海上日，我習慣仔細翻譯船上英文日報表各項活動，並自備印表機印出，以求整齊美觀。然而就在我完成所有翻譯，按下列印鍵的同時，慘劇發生了。電腦當機，所有的心血都不見了！重試幾次仍無法運作，眼看時間已接近天亮，只好緊急用手寫，發送到各房。

郵輪離港，回望加拿大廣場。

隔天照樣帶領團員們去體驗各種活動，後來整趟旅程，電腦都無法運作，只能手寫。雖然覺得手寫報表不夠精美，但我發現團員仍玩得非常盡興。我體認到，在工作上我非常堅持完美，非得要做到最好的個性，常使自己異常辛苦。但其實帶領團體成功的關鍵之一，是真心地關懷，將心比心，並照顧每一個人的需求，這是更重要的。

探索懷舊淘金小鎮

經過整日在內灣航道上的航行，之後我們連續三天下船遊覽，分別是凱契根、朱諾、史凱威三站。搭郵輪來阿拉斯加，除了自然生態，其實接觸的人文景點也不少。只是在這個地區旅遊，不禁讓人覺得，人類的歷史其實就是一部「如何發財」的歷史，因為行程真有點像「產業考察團」。

阿拉斯加是「最後的邊疆」，冒險來這的許多人，都是希望從荒野中獲益。從最早丹麥探險家白令發現此地，蘇聯人毛皮貿易，到後來阿拉斯加被俄羅斯以720萬美金低價，賣給美國。主事的美國國務卿西華德，還被嘲諷買了一個「西華德的大冰箱」──沒想到這個大冰箱，從19世紀末淘金熱，到20世紀的捕魚、礦物、林業、石油、天然氣到近代觀光，經濟價值驚人。

「伐木」也曾有過榮景。凱契根有個「伐木工人秀」──原來「看猛男砍柴」也可以是一門好生意。觀眾付費進場，看這群壯碩的工人，分成美、加兩隊競賽，爬柱子、砍木材、滾浮木平衡等，兩隊互相嗆聲示威，陽剛味十足，觀眾也熱情地加油。這節目還曾經被ESTA電視台轉播，工人們各自都還有一群支持的粉絲呢！

伐木工人滾浮木大賽。

還有「淘金產業」，這對郵輪上的很多美加乘客十分重要，因為他們祖先可能都

參與過，所以對他們而言，有懷舊尋根之旅的意義。1880年，喬・朱諾與理察・哈里斯在黃金溪發現大量沙金，開啟了淘金熱潮。1897年，美加邊境育空地區的克朗岱河發現大量金礦床，吸引很多人來此，即著名的「克朗岱淘金潮」。

打扮成滑頭史密斯（Soapy Smith）的演員。

我們拜訪的史凱威曾是克朗岱淘金潮重鎮。這站我喜歡用第一人稱的方式，一面講故事指出景點，讓團員假想時光倒流，而自己是1898年代淘金熱末期搭船登陸此站的淘金年輕人，暫且名叫「傑克」。

傑克我懷抱致富夢想，變賣所有家產，從西雅圖搭船到史凱威。從碼頭一邊步行到史凱威市鎮上，一面尋找落腳處（吉祥飯店），一面在這小鎮上要採購淘金工具（淘金博物館），也必須備齊加拿大政府規定的，重達一噸的一年生活物資；等待期間我覺得空虛，就偶爾到「紅蔥酒吧」喝一杯，逐漸沉醉於康康舞女郎與賣春女子的溫柔鄉。在這裡我認識了最早發現史凱威的威廉・摩爾父子（摩爾小屋），但他們先佔的土地都被後來者強奪了，沒有得到任何好處；也遇到惡名昭彰的「滑頭史密斯」（北極兄弟會堂），據說史密斯壟斷了懷特山口（White Pass），還縱容手下搶礦工黃金。小鎮近來已擠進了兩萬淘金客，逐漸變成三不管地帶，被稱作「世界最險惡的地方」。在嚴冬來臨前，我將踏上跋涉960公里的旅途，要經過懷特山口，到加拿大的道森淘金……

猜猜看，淘金客傑克的故事結局，最後是一夜致富，還是破產心碎，魂斷異鄉？

1897年到1898年間，總共有十萬人湧入克朗岱的道森尋找金礦，當這群淘金客克服艱難，冒著生命危險，長途跋涉數個月抵達道森時，金礦早已分配完，後來者必須深挖才能勉強淘到少許黃令，僅有少數人致富，其他人勉強溫飽，許多人家破人亡。淘金夢，淘盡多少英雄淚。後代的史學家結論是，真正的贏家，不是礦工，而是沿途販賣物資的商店。

非常有啟發性的故事，不是嗎？也許當社會一窩蜂追求某個潮流時，若無法跑得比別人快，可退而求其次，當供應商，或平台提供者，說不定更有機會呢。想想，「淘寶網」不就是個鮮明的例子嗎？

沉醉自然冰河美景

阿拉斯加這個「大冰箱」，還有一項了不起的資源，也是最令人讚嘆的，那就是冰河。

阿拉斯加有超過十萬條的冰河，多麼驚人。此行第一條看到的冰河，是在朱諾的棉田豪冰河。這個冰河非常容易親近，下船只需搭車20分鐘即可到達。冰河好似融化後的藍色糖漿，邊緣沾染巧克力粉，凝結懸掛在山壁上。冰河附近有多條步道，可以健行。

這天下午在朱諾，公主郵輪很用心地邀請了首位「伊第特洛便道雪橇犬競賽」女

棉田豪冰河是最容易從陸地上親近的冰河之一。

近距離觀看裂開的冰河。　　　　　　　　　若非搭乘郵輪，難以和冰河如此親近。

性冠軍（1985年冠軍）Libby Riddles，登船演說並舉辦簽書會。這場極限運動競賽每年3月從安克拉治出發到諾姆，長征1,100英里（1,770公里），獲勝者在阿拉斯加都是家喻戶曉的偶像明星。阿拉斯加獨特的風土造就很多「女漢子」，沿途遇到的巴士司機也常都是豪爽大姐大。甚至連此船的郵輪總監也很有此風範——親切大方的Sammi Conneen-Baker，她年輕時曾在朱諾著名紅狗沙龍駐唱過，後來轉而上郵輪表演，隨船走遍世界各地，還參與過探索頻道《重訪鐵達尼號》節目拍攝呢！

次日，郵輪來到冰河灣國家公園，我們在海上觀察冰河。這裡一天只允許兩艘郵輪巡航，一早六點先在入口處的國家公園站停靠，國家公園巡查員會特別上船導覽。郵輪邊廣播，船依序巡航在藍普洛夫冰河、約翰霍普金斯冰河，快中午時到最北端的瑪格莉特冰河與泛太平洋冰河……根據巡查員Linda的解說，原來冰河一天可以移動約五英尺，所以一小時會有好幾次冰河崩落。冰河的藍是因為其他顏色的光都被高密度的冰吸收，只有波長較短的藍光反射。

當冰河崩落時，會發出如劈啪作響的聲音，而乘客們可以好整以暇站在甲板欣賞，浪漫一點的人，甚至在手上端杯香檳助興。搭郵輪遊阿拉斯加，可以以很輕鬆的方式，親近冰河。此次團友裡面最年長七十多歲，最小的孩子才四歲。若不是郵輪，不可能同享此美景。

對我來說，沿途小鎮遊客太擁擠，唯有在冰河灣國家公園，與冰河對話的片刻，才稍稍貼近我心中的阿拉斯加之魂。阿拉斯加應是屬於荒野的。

這一站陪伴我的是約翰‧謬爾的傳記《國家公園之父：蠻荒的謬爾》。1880年他發現冰河灣，但因天候不佳，無緣一探以他命名的謬爾冰川。1890年重訪時他已52歲，他用十年賺錢養家，將家人生活安頓後，才重拾最愛的探險寫作。他獨自拖曳雪橇越過冰山丘與冰隙深入此區，夜晚則紮營冰上，沿途記錄描寫，文字搭配景色閱讀特別有感覺，例如：「冰川上最美的景象是無數細小但極耀眼的光點在河流、水窪、小湖的邊緣排列閃爍，那是冰晶的一端在陽光下融解造成的，看起來就像是鑲著成排的鑽石。」

這位熱血的大叔，明明旅途中面對狼群威脅、強光造成雪盲，甚至掉入隱藏冰隙中差點喪命，他卻毫不畏懼。恰巧他的重感冒在探險中不藥而癒，樂觀的他還可以自嘲「低地的細菌絕撐不過這樣的旅程」。

在杳無人煙的曠野，找到心靈的無比滿足，是真正懂阿拉斯加的人。

荒野到文明　任務圓滿

隔天晚上是惜別晚餐，餐後甜點照慣例有熱烤阿拉斯加雪糕（baked Alaska）。它是冰淇淋蛋糕，外層塗抹蛋白霜後短暫置入烤箱燒烤，蛋白霜可讓內部冰淇淋不融化，外表還真像阿拉斯加的冰河。這是每艘郵輪都有的傳統，早期上這道甜點時還會用仙女棒製造氣氛，後來因為安全考量改成螢光棒，乘客們也會旋轉餐巾助興。只要吃到這道甜點，就知道航程即將結束了。

每艘郵輪惜別日一定會出現的 baked Alaska 雪糕。

第九天我們在威廉王子灣的惠堤爾離船。此地最早為了支援二戰而興起，現在居民不到兩百人，全部住在一棟14層的霍奇貝吉克塔大樓。裡面有所有城市功能，包括警察局、學校、教堂、診所等，全都齊備。整個城市比台北一個住宅社區規模還小，是世界奇觀。

荒野的阿拉斯加，我心中的阿拉斯加。

之後通過了安東安德森隧道，車停在波特治湖畔，湖上面冰山，在太陽照射下，晶瑩剔透。沿途我努力尋找岩羊，還有坦納根灣的白鯨，希望給大家驚喜，可惜徒勞無功。無法帶大家更深入阿拉斯加野地，我有點遺憾。遂決定臨時追加，讓大家到阿拉斯加動物園，看看這裡特有的麝香牛、棕熊、狼……還有，最重要的動物明星——北極熊，雖然牠看起來懶洋洋地，一副「了無生趣」的模樣。

果然，一看到北極熊，團裡的小朋友開心地笑了。

最後我們來到安克拉治，阿拉斯加最大的城市，整個阿拉斯加有一半人口住在這裡。這城市1964年曾經歷9.2級大地震，災後浴火重生，用石油收益重建規畫。知名的庫克船長在1778年登陸此地。在庫克船長銅像前，我向這位環球旅行的前輩致敬。

北極熊一副懶洋洋的模樣，但還是逗樂了小朋友。

我們回程從西雅圖轉機，剛好順遊西雅圖。從荒野回到文明，團友們皆顯得非常愉快，享受久違的亞洲美食，並且在大型outlet採購美國品牌商品。華盛頓大學散步、奇登頓水閘魚梯欣賞鮭魚洄游、太空針塔前留影……西雅圖，夜未眠，大夥滿載而歸，搭凌晨的航班離開。

看團員們都玩得非常開心，我就開心了。

阿拉斯加團一回來，赫然發現，小兒子浩浩眉心上多了一道疤痕！老公淡淡地說，在我出發後不久，當時一歲多還走不穩的浩浩，在他和婆婆面前硬生生跌倒撞到玻璃桌角，眉心撞出一個深深的傷口，當場血流如注。緊急送醫院縫了六針。

他們沒有人敢告訴我，生怕我一聽到，再也無心帶團。

回想那段時期，其實也是我們經濟壓力最大的時期。小孩剛出生時，照顧小孩佔據我們大部分時間，收入也跟著起伏。常常覺得被現實壓得喘不過氣。奶粉

店的店員一看到老公，遠遠就喊：那個雙胞胎爸爸來了。老公好奇，你怎麼知道我是雙胞胎爸爸？對方回答，因為你就是那個「最愁眉苦臉」的爸爸呀！

感謝婆婆撥空協助。有很長一段時間，我的工作時間濃縮在婆婆每週固定上台北支援的兩三天，以及其他天小孩入睡後深夜開始。那階段我的心願，常是能好好睡一覺。我不追求名牌，但我非常期許透過專業上努力發光發熱，讓自己就是一個品牌。我珍惜來找我的每一個工作機會，這段時期，我又送了幾團環球旅行團出門，每一團皆很開心圓滿地返國。也維持每年數十場的演講，還有六至八團的帶團。再怎麼辛苦，也要保持工作。而現在肩上多了兩個小子的重量，更要努力向前奔跑。

看著這個好像是「哈利波特」額頭上的疤痕印記，我想「佛地魔」說不定來過，對於掙扎於母親角色與職業生涯的我，留下了一記警告。

阿拉斯加之旅回來後 我開始跟他們講述一個自己編的床邊故事，關於一位勇敢的阿拉斯加小男孩，小洋浩（結合雙胞胎名字）和女友露西，一系列的冒險故事。故事裡面有阿拉斯加的四季生活，還有救了落難小熊、對抗野地裡的狼群的種種冒險情節。這系列的故事大受雙胞胎歡迎，也算是阿拉斯加送給他們的小小禮物。

相關資訊

1. 鑽石公主號（Diamond Princess），11.6萬噸大型郵輪，載客量2,702人，船員1,100人，與2004年下水的藍寶石公主號（Sapphire Princess）是姐妹船。2017年《貝里茲郵輪年鑑》評4星。
2. 季節：阿拉斯加郵輪季節是5-9月，分為內灣航道、北上、南下等。本篇記錄的是北上八天七夜標準航程。阿拉斯加通常首尾航次票價較低，暑假天氣最舒適但也最昂貴。鮭魚洄游產卵季節8-10月，通常這時期也比較容易看到熊。如果時間預算允許，建議將丹奈利國家公園列入行程。
3. 阿拉斯加城市不大，很多都可以步行探索，有的不一定要參團。但若搭特殊交通工具的行程，如賞鯨船、直升機，最好透過船上安排或事先預訂好。有些船公司的生態觀測行程若沒看到動物，會退還部分團費。

歐洲藝術之旅：
拾掇文雅芳華

2014年的我帶團搭乘著帝王公主號（Regal Princess），來了一場「歐洲藝術之旅」，由威尼斯出航，經南北義、南法等藝文薈萃地區，在巴塞隆納踏上歸途。對於藝術愛好者來說，是個很值得推薦的旅程。

當時帝王公主號剛下水，那次航程裡剛好有很多對夫妻，都是自己經營公司的老闆，彼此結伴來體驗這艘新船。我發現，老闆們多喜愛較先進的國家，也偏好美食美酒，而這路線又可以兼顧貴婦太太們想血拼精品的需求，可說一舉兩得。

剛下水的帝王公主號。

威尼斯的繁華故事

世界上的水都何其多，但是「威尼斯」絕對是最經典的。在我旅行世界各地，曾遇過一個又一個，被用「威尼斯」形容的城市，如「東方威尼斯」（曼谷或科欽）、「北方威尼斯」（聖彼得堡或斯德哥爾摩）、「美國威尼斯」（羅德岱堡）、「南美威尼斯」（布宜諾斯艾利斯底格爾三角洲）⋯⋯不過本尊，只有一個。

漫步在繁華的威尼斯，俯拾皆是故事。豐厚的文化底蘊，讓她的傳奇如此動人。

威尼斯的崛起早在6世紀，在拜占庭帝國和哥德人的戰爭中，威尼斯人因為選擇加入拜占庭軍隊，獲得拜占庭皇帝賜予和東方貿易的獨特權利。13世紀開始，威尼斯商人掌握對埃及與歐洲各地海上貿易（尤其是香料貿易）主宰權。據說最顛峰時期，威尼斯擁有36,000名水手來駕駛3,300艘船，可說是當時的海上霸主。

威尼斯的歷史是「商人」寫下的，最有名的商人，莫過於威尼斯出生的探險家馬可‧波羅。當威尼斯商人們的勢力與財富達到顛峰，他們便扶植最有天分的藝術家創作，以彰顯自身品味。知名的如提香、委羅內塞等「威尼斯畫派」的畫家作品，都珍藏在道奇宮內。

威尼斯是接納並鼓勵「創新者」的，音樂家韋瓦第、華格納都曾在此寫出聞名於世的作品。曾經在威尼斯汲取創作養分的，還有曾流連於花神咖啡廳的歌德、盧梭、海明威等名人。科學家伽利略，也曾在威尼斯的鐘樓上，第一次展示望遠鏡。

登高俯瞰威尼斯。

上船前依依不捨的回望水都。

威尼斯故事還是充滿艷情的，威尼斯孕育了才情洋溢的女詩人交際花薇洛妮卡·法蘭柯，也是英國浪漫詩人拜倫留下無數風流韻事之地。傳說中著名的情聖「卡薩諾瓦」獵艷的範圍則包括威尼斯上流社會貴婦、黃花大閨女到教會的修女……還曾從威尼斯國家監獄，演出逃亡記。

水都本身就是幅風景。不論是清晨霧氣中並排的貢多拉，或是登上威尼斯鐘塔從高處鳥瞰城市。聖馬可教堂、佩莎羅宮、黃金宮……到處可見金箔裝飾的鑲嵌畫、沿著大運河畔一個個精雕細琢的老房子，都增添她的風采。而郵輪離開威尼斯港時，從海上回望她獨特的美感與光影，則是我最鍾愛的威尼斯畫面。

科托爾，蒙特內哥羅

啊，五月清亮的早晨，我們的母親黑山哪……我們愛你，巍峨的山地，我們愛你。你屹立的峽谷，從來也不屈從，捆綁奴隸的鎖鏈……我們的統一長翅膀，飛向那洛夫琴山頂……我們波濤的大河啊，流向那兩個海洋啊，將我們的心聲帶給大洋，黑山會永存世間。
　　　　　　——蒙特內哥羅國歌〈啊，五月清亮的早晨〉，改編自該國傳統民歌

當郵輪緩緩駛進科托爾峽灣時，我隨身的MP3正播著預先下載的這首歌曲，氣勢磅礴的大合唱，搭配壯麗的峽灣景色。北歐峽灣在挪威，南歐峽灣在黑山。晨曦中只見一座座石灰岩山，看起來非常的陡峭，山壁上綴者密密麻麻的黑色植物，蒙特內哥羅（Montenegro，以下皆稱黑山），意即「黑色的山」，就是因此景觀而得名。

黑山是一個剛於2006年獨立的國家。它的前身是由前「南斯拉夫國父」狄托（Josip Broz Tito, 1892-1980）主導的「南斯拉夫社會主義聯邦共和國」的一分

子，這個為實現「南斯拉夫民族單一國家」的聯邦國家，曾經統治了「由七個國境、六個共和國、五個民族、四種語言、三種宗教及兩種文字所構成的一個國家」。狄托去世後，1990年代南斯拉夫聯邦各國紛紛獨立，黑山也幾經波折，終於在2006年和平脫離塞爾維亞獨立。

我們驅車直奔古城布德瓦（Budva）。舊城區裡大理石路搭配上兩旁黃色岩石建築，很具有中世紀風情。紅白條紋相間的東正教的「三位一體大教堂」，是本地信仰中心。沿著布德瓦堡壘階梯往上走，可以俯瞰亞德里亞海，海中一座烏龜形狀的聖尼古拉島，當地人稱為「夏威夷」，台灣遊客則戲稱「龜山島」。人們享受著初夏的日光浴，而海邊的年輕救生員，笑容就像日光一樣燦爛。

午後，我們往南沿著海岸公路，前往著名的聖史蒂芬島（Sveti Stefan，又稱公主島），居高臨下欣賞海景，目前此島是阿曼集團買下經營，因為令人過目難忘，這家明星酒店，也是各媒體頂級評比的常勝軍。而從布德瓦到聖史蒂芬這條路，短短十公里車程，就經過八個美麗的海灘，其中貝齊齊（Bečići），還曾被評為地中海最美海灘。

回到海港科托爾，這個中世紀防禦城市，長長城牆蜿蜒在後方洛夫琴山上，很像中國的萬里長城。而聖特里普納（St. Tryphon）是科托爾的守護聖人，相傳這位3世紀的聖人，遺骨被威尼斯人從土耳其帶出，後遇上暴風暫歇此地，然而每次要從科托爾港離去，就遇上惡劣天氣，後來推測是聖人不願離去，就在這裡安置聖人的遺骨，蓋了一座華麗的天主教聖特里普納教堂。

這裡不像一些熱門觀光點，已被遊客寵壞。以旅行者角度來看，黑山遠不及威尼斯壯麗輝煌，卻自有其純樸清新的風格，我非常願意再回來。

科托爾灣地勢險奇，黑色山巒即是該國著名的景觀。

居高臨下看聖史蒂芬島，目前是阿曼集團的著名度假村 Aman Sveti Stefan。

新船下水體驗

航程第五天除了通過墨西拿海峽時可以賞景，整天都是海上活動。此行是帝王公主號新船下水，雖非處女航，但是這艘船的第二航次，重點當然是郵輪本身。從一登船，富麗堂皇的金色內裝，頓時就讓人感到眼睛一亮。我覺得，如果要邀請重要的人來搭郵輪，例如姻親親家、生意夥伴、扶輪社友甚至蜜月旅行，這類若對方抱怨船不好，你可能會當場「玻璃心碎」的情況，就可選擇看起來夠華麗的船，保證面子底氣十足。基於這一點，公主皇家系列的船是值得推薦的。

帝王公主號優雅的金色內裝，讓人眼睛一亮。

船兩側的強化玻璃「天空步道」也是亮點。走在上面，可欣賞底下浪花，體驗腎上腺素微微上升的快感。而步道晚上也化身時尚的星光大道，讓我每次走過，總幻想自己是要出席坎城影展的明星。甲板另一個特色是聲光水影秀，每天搭配不同的音樂主題演出，各種曲風輪流上陣，時而古典時而流行。有天我抽空晚上躺在甲板躺椅上，欣賞完麥可‧傑克森水舞秀，星空露天電影開演，背景是海上無數星星環繞。航海，實在太令人上癮。

對於不喜歡小孩喧鬧的旅客，聖殿成人休憩區是個好去處。這是個大人的專屬遊樂園，可付費享受具隱私的休憩體驗。你可以像女王一樣，在紗簾飄動的包廂中，盡情體驗寧靜的個人空間。不管是靜靜閱讀一本好書，游泳SPA後的片刻假寐，或是和心愛的人，交換一個心領神會的眼神。無時不刻，都是向宇宙傳達，航海，是幸福又療癒的。

娛樂方面，船上的公主攝影棚，也善用影音的力量，每天即時錄影並製作節目。觀眾可參與實境秀錄製，再播放到房內電視中。夜晚的秀也不馬虎，除了舞者一定是俊男美女，表演大膽。其中一部production show，還特別將一架飛機搬到

舞台上，搭配歌舞呈現軍官與淑女的大時代場景，航海，也可以充滿創意。

文藝復興瑰寶

從席薇塔維茄郵輪碼頭進羅馬的漫長車程，最適合先用來講述文藝復興畫壇三傑
的故事。這一區有太多曾感動我的豐富寶藏，在人類藝術汪洋之海中，像燈塔一
樣照亮四方。

其實我真的越來越懷疑。跟著每年超過五百萬人以上擁擠的人群，進入梵蒂岡博
物館，對著數十萬件館藏展品，邊聽講解邊拚命拍照，這樣子的旅程，真的能讓
旅客感受到美嗎？但不管如何，所有人都貪婪地，希望多攫取一些美感的體悟。
在松果廣場等待時，邊眺望著聖彼得大教堂的圓頂，我的心思不禁飄回我29歲那
年，和妹妹的第一趟環球之旅，在此初見米開朗基羅所雕刻的《聖殤像》時的震
撼，多年輕的天才呀，25歲即創造了不朽作品！

導遊接著帶我們參觀博物館內部各廳，八角亭廳中希臘雕刻《勞孔》充滿張力的
動作與肌肉線條，曾在出土時震撼過年少的米開朗基羅；尼祿皇帝的澡盆曾見證
過羅馬最奢靡的生活；還有被強加了無花果葉遮羞布的藝術長廊雕像群、有著華
麗天花板的地圖室長廊……接著到拉斐爾陳列畫室內，這位俊美的畫家也將自己

地圖室長廊華麗的天花板。

畫入《雅典學院》畫作右方，戴著黑帽的他，正幽幽地看著我們呢。

最後，到最偉大也最擁擠的，令人屏息的西斯汀禮拜堂，欣賞米開朗基羅所繪《創世紀》穹頂畫。要一個雕刻家來畫不熟悉的巨型壁畫，原來是有心人惡意陷害的計謀。生命給了米開朗基羅一顆酸苦的檸檬，他卻做成了甜美的檸檬汁。他在繪製《創世紀》畫作那四年多中，飽受教皇壓迫、現實壓力、健康耗損……種種痛苦；但他完全投入藝術，用整個的生命完成這驚世巨作。二十多年後，看遍人生千帆過盡的米開朗基羅，再度走入西斯汀禮拜堂，用七年的時間創作《最後的審判》。在這幅幾乎能撼動鬼神的史詩般壁畫中，一般認為米開朗基羅將自己的形象，畫在遭剝皮殉道的耶穌十二門徒聖巴托羅繆手持的人皮上，彷彿訴說著自己掙扎的命運，信仰與藝術的拉扯，宛若殉道者般。這一切，實在是太令人肅然起敬了。

生命中真正值得追求的事物是什麼？

每個人的答案可能不同，但人的一生如此之短暫，實在是沒有時間浪費在無謂事物上。真正的大師，是只堅持選擇同一樣事物。用十多年時間投入畫兩幅壁畫，用現代觀點可能會覺得產值太低。但唯有自己真正投入的事物，才有如此強大的力量，也才是能穿越時空，貼近「不朽」的。

下午來到許願池還有著名的西班牙台階。附近的名牌店，讓團員們群起採購血拼。文藝復興太浩瀚偉大，或許能握在手中的精品，才是對一般人最實在的「美」吧。

隔天，船停靠義大利里佛諾，我們前往西恩納省古城，中世紀朝聖之路的中繼站

聖吉米尼亞諾。這裡有著一棟棟的中世紀塔樓。從這些古代摩天大樓上看出去，正好可以飽覽托斯卡尼田園風光。到Peruca地窖餐廳享用當地美食後，我們去了比薩，大家不免俗地擺出各種與比薩斜塔合照的搞笑姿勢。回程講解完畢後，我播放了Gianna Nannini的1990年世足賽主題曲〈義大利之夏〉、波伽利與亞莉安

古城聖吉米尼亞諾，登上中世紀摩天大樓。

娜合唱的〈我想念你〉等義大利歌曲，襯著窗外托斯卡尼美景，最後連司機都忍不住一路唱和起來。

這世界有的國家風景宜人、有的藝文薈萃、有的神聖不朽、有的引領時尚、有的產美食佳釀，但像義大利這種樣樣都領先的，著實不多，令人嫉妒。

戀戀南法風情

第八天郵輪停靠在南法土倫（Toulon），也是法國的海軍基地，拿破崙當年的成名之役「土倫會戰」就是在這裡發生。下船後我們先去造訪這幾年很受法國人歡迎的文藝山城，聖保羅‧德‧馮斯（Saint Paul de Vence）。這裡是南法最有名氣的鷲巢村之一，遠看村莊好像盤踞在山頭。沿著彎曲的鵝卵石小徑拾級而上，兩旁的商店與藝廊，展示著精緻藝術品。這裡曾經吸引過哲學家沙特、女性主義先驅西蒙‧波娃、作家費茲傑羅、畫家畢卡索和夏卡爾等數不清的名人雅士造訪。最為人津津樂道的是，當年很多年輕印象派畫家曾在一家金鴿飯店聚會，慧眼獨具的老闆，接受這些窮畫家用自己的作品支付食宿費用，以至於這家不起眼的飯店，如今擁有驚人的畢卡索與馬諦斯等名家真跡。

接著車開到坎城，我們到節慶宮走走。坎城是另一個令人迷惑的城市，總是被和「豪奢」、「紙醉金迷」等形容詞連接。猶記得多年前，我曾和另一半背包窮遊來到此地，當時來到坎城沙灘上，正準備拿出三明治來野餐時，海面上有一艘

文藝山城聖保羅·德·馮斯。

遊艇，船上看起來正舉辦著派對，突然自船上施放起煙火，時間持續了好久好久。我們當時邊欣賞壯觀煙火秀，還邊猜想也許是哪個富豪名流，一時興起，取悅女伴的花招呢！「平行宇宙」若存在，定是在「坎城」。可惜非坎城影展期間，看不到眾星雲集盛況。我相信若喬治·克隆尼、茱莉亞·羅伯茲等名人或富豪的坎城經驗，必定和凡人大不相同。

從巴塞隆納，告別了郵輪，我們再度探訪高第令人讚嘆的建築瑰寶。這趟旅行，沿途全是充滿藝術建築芳華的景點，俯拾皆是大師巨擘的傳世之作，歐陸美景配上熟悉的美式郵輪航海，海上陸上盡是美好華麗的風景，我簡直想不出還有哪一條路線，可以讓人一路，如此任性地，只耽溺在「美」的饗宴上。

相關資訊

1. 帝王公主號（Regal Princess）是公主郵輪的船，2014年5月24日下水，142,229噸，載客量3,560人。它是目前公主郵輪最高等級 「皇家級（Royal-class）」的郵輪船艦。同級的船還有2013年下水的皇家公主號（Royal Princess）、以及2017年下水，即將前來亞洲服務的盛世公主號（Majestic Princess）。
2. 坎城影展時間在每年5月，為期12天，可搭配此段時期的郵輪順訪。
3. 留意港口到市區交通時間。例如要前往羅馬至少單程一小時四十五分，且常因交通因素延誤，務必多留一些返船時間。

玻璃底的天空步道是帝王公主號一大亮點。

一邊享受 SPA，一邊觀賞大海。

蘇伊士運河海盜航程：
追尋歷史的軌跡

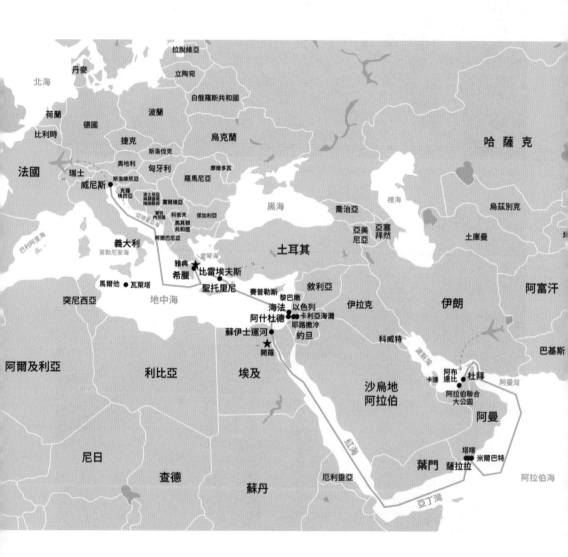

正如自序中提到，當初會跟郵輪結緣，就是因為在網路上搜尋有經過蘇伊士運河與紅海的航程。這條令人神往的，跨越歐亞大陸的「海上絲路」的旅程，可以重訪「鄭和下西洋」、「馬可‧波羅返鄉之路」的許多地點，也與近來熱門話題「一帶一路」中的21世紀海上絲綢之路，有許多重疊之處。

多年來，我一直在注意這條航線的價格，期待有一天能圓夢。2016年，我在網站上發現有一艘海洋榮光號（Splendour of the Seas）正在促銷，且相較於類似航線，價錢非常便宜！當下把此訊息，發給我任教過的社區大學「環遊世界超簡單」各班學員LINE群組，也馬上幫自己訂了船票。沒想到口耳相傳後，說要跟我去的人迅速暴增到三十多人，可見便宜的價格很具吸引力。本來我設定的是郵輪自由行，但人數暴增太多，加上我並不想帶三十多人一起迷路，我趕忙發揮旅遊產品人員的專業，幫大家安排各站旅行。

2016年的4月，我帶著三十多位社大朋友，飛到杜拜，一起踏上了這段旅程。

阿聯酋 U.A.E. 無極限

上郵輪前，我們用了兩個整天，遊覽了阿拉伯聯合大公國的杜拜與阿布達比。

此區本是資源缺乏的沙漠，但因阿布達比與杜拜相繼發現石油，搖身一變成為當今最富庶繁華的地區。所有的建設也都不斷向世人宣示，人類與自然對抗，突破極限的能力。

例如阿布達比的謝赫扎耶德大清真寺，先不管全球造價最貴、最大的黃金水晶吊燈、世界第一大的地毯等這些紀錄，進到這裡，

尼泊爾

極富有美感的漢白玉搭配金箔，與三十多種彩色石頭拼嵌花卉圖案，呈現出伊斯蘭世界的現代典雅風貌，一眼入魂，當下穩居我心中全球最美清真寺第一名。

而杜拜的哈里發塔高度828公尺，耗資15億美元，堪稱當代與天爭高的「巴別通天塔」，令我想像《不可能的任務4》裡的阿湯哥一樣挑戰登塔。塔底下即是杜拜購物中心，在這裡可以一站看到四項世界之最：世界最大購物中心、最大水族牆、最高大樓以及噴水最高的音樂噴泉。

被旅遊業者吹捧為「六星級、七星級、八星級」的奢華飯店，這次雖無緣住宿，但我們有去帆船飯店、酋長皇宮飯店享用自助餐。餐廳索價不菲，菜色卻不特別令人驚艷，但畢竟這是要進造價驚人的飯店參觀的入場費啊。上船前我們搭著杜拜輕軌列車，經過另一個世界紀錄「朱美拉棕櫚島」，前往號稱全球房價最高的亞特蘭提斯飯店參觀。如果未來此區有號稱「九星級、十星級」的飯店誕生，我一點也不會意外。

大清真寺富麗堂皇。

酋長皇宮飯店的華麗天花板。

薩拉拉探乳香之路

經過在波斯灣與阿曼灣兩天航行，船泊在阿曼王國薩拉拉城（Salalah）。阿曼歷史可追溯到5,000年前，曾受波斯帝國、伊斯蘭帝國、葡萄牙等的統治，自古以來就是貿易要道，甚至《一千零一夜》故事中，辛巴達七海奇航出發的地點也在阿曼。

這次我們來到南部佐法爾（Dhofar）地區，文化與歷史非常豐富，短短一天之內，我們見識了三個歷史傳奇的蹤跡：

其一，是示巴女王的宮殿。薩拉拉附近的霍爾羅里（Khor Rori）遺跡，又稱聖乎倫（Sumhurum），據說傳奇女王示巴曾擁有此地的宮殿。示巴女王是聖經和可蘭經均有記載的人物，統治著東非與阿拉伯半島南部。一些傳說野史也大為鋪陳她與所羅門王的故事，說示巴女王曾向所羅門王問智慧，並約定所羅門王不能侵犯其貞潔，所羅門王則要她不能取任何皇宮之物；但所羅門王用計，在菜餚加入辣椒，示巴女王因不耐口渴，半夜偷偷喝水，所羅門王遂以打破約定為由，要求其侍寢……後來示巴女王返國後，誕下一子。統治的地區，即是現今衣索比亞。

其二，是傳奇的乳香之路。佐法爾地區自古即以出產乳香聞名。這種香料，是採集乳香樹液變硬而形成，除了當薰香，也可以治氣喘等病，有「白色金子」美譽。在古埃及、羅馬、猶太教各種神殿中皆有其蹤影。乳香之路分成海陸兩條，

白色金子，乳香。

皆由阿拉伯半島南部出發：陸路經葉門和阿拉伯半島到加薩、佩特拉、腓尼基等處；海路則一路通過紅海到埃及等地。霍爾羅里即是當年重要的乳香出口港。回到薩拉拉舊城市集，林立的香料小店，飄散著乳香薰香，令人平靜放鬆。

其三，是鄭和下西洋的足跡。這一站我們前往米爾巴特（Marbat），也是傳說中14世紀鄭和七下西洋時，曾三次停靠的港口。當時鄭和三十多艘船艦來此時，曾受到當地居民歡迎，鄭和兩次對佐法爾國王遞交文書，致贈絲綢、瓷器、茶葉等禮品，而國王回贈各種香料，且派使者隨船回中國，向明朝宣德皇帝進送名貴藥材，據說這也是兩國首次外交的起點，而之後也頻繁貿易。

然而，當我們風塵僕僕抵達米爾巴特，這座古老的阿拉伯馬匹貿易的重鎮，只殘留許多古老的商人宅邸，這些老房子有著和葉門相似的雕花門窗，但是都廢棄了，顯得非常殘破，讓人真有滄海桑田之感。只有在港口邊，當地的孩子對我們非常好奇，天真爛漫地，對著我們一聲聲直喊「I love you!」，也算是傳承自友善的古風吧。

亞丁灣　海盜出沒 !?

接下來是連續三天航海，從阿拉伯海經亞丁灣（Gulf of Aden）到紅海。這也是讓我既緊張又期待的一段，因為途中會經過傳說中海盜出沒的索馬利亞與葉門亞丁灣。從一上船，船公司就有發一張船長署名通知，宣布經過此危險水域時的因應措施，內容摘錄如下：

「4/5-4/10我們將經過海盜活動水域。本公司持續監測亞丁灣海盜活動，並與執法、情報與軍事組織合作，來確保航行能受到完善保護。就我們所知，我們的船與海盜通常鎖定的船型大不相同，船速較快、管理更佳，且有更多安全人員。4/7-4/10航行時，船四周會安排人員監視，4/8清晨四點到9號日出，將限制乘客

與船員上甲板。也請您將房間窗簾拉上，陽台燈關閉。在亞丁灣，我們會遇到很多小漁船，有些船可能會出於好奇向我們駛來，要是這樣，我會與他們保持距離，包括改變航道，甚至左右迂迴搖擺，阻止他們太靠近。各位不用為這些行動擔心。然而，雖然機率極低，我們仍可能遭遇海盜攻擊。如果有必要，我會廣播要乘客遠離船側，請保持冷靜跟隨指示。我會說關鍵字『Safe Haven』，並用廣播指示行動。內艙乘客待在房內，陽台艙乘客移到走廊，跟隨指示到船中央，我們將以演習幫助大家了解狀況。安全是我們的首要任務，我們的安全部門有能力面對各種挑戰。皇家加勒比、Azamara Club郵輪、還有許多其他船公司，經過此海域都沒有受到過攻擊。我期待我們也如此平安。船長Diego Lombardic」

果然，從航程第七天晚上開始，所有對外甲板的門都封閉，窗戶都用黑布遮蔽。餐廳等公共空間窗簾都拉上，我好奇地掀開窗簾，窗戶外層也都有覆蓋黑布，乘客完全不能到甲板上。根據我跟安全主管與櫃檯打聽資訊，有人說船上有英、美、印度軍人，帶著武裝在甲板守衛。另一說法是委託外包給法國的安全公司執行，因為安全公司僱用的多是有經驗的退役軍人與傭兵，所以兩種說法並不矛盾。印度籍的安全部主管Anthony Shetty還跟我保證，無須擔心，他們會保護乘客安全。

鄭和曾經造訪的港口，剩下殘破的屋舍和天真爛漫的孩童，不見往日榮光。

航行過海盜出沒區，船上門窗緊閉。告示上以英文寫著「甲板因行經亞丁灣關閉。若造成不便，敬請見諒。」

他分析郵輪不可能成為海盜目標，一方面船體較高，另外船上有幾千名乘客與船員，但一組海盜人員可能只有五六人，要控制這麼多人，是不可能的任務。海盜主要的目標是貨船，就像電影《怒海劫》情節。後來白天在海面上，我很努力注意可疑船隻，也當然沒看到海盜。第九天航行在紅海上，就是傳說摩西帶領以色列人出埃及顯神蹟之地。通過紅海，就是正式通過海盜區域，我鬆了口氣。

索馬利亞海域的確發生過郵輪攻擊事件，但大都沒有得逞。2005年Seabourn Spirit、2008年Oceania Nautica、2009年 MSC Melody等都曾遭受攻擊。網路上也流傳著海盜企圖登上一般船隻，被船上保安擊退的影片。然而海盜挾持船隻事件，這幾年已較少發生。有一令人懷疑的報導說是「被日本人收服去當漁夫」。實際上，應與各國軍力投入聯合打擊海盜，關係較大，海盜活動的確收斂很多。

雖然驚險，但過程中夥伴們竟然都莫名興奮。有成員說：好像在演《海賊王》，好high喔！

郵輪的惜別航次

出發前船公司的人員告訴我，這艘船已出售給歐洲途易旅遊（TUI Travel）底下的湯普生郵輪（Thomson Cruises），在走完這航次之後會改裝，更名叫作TUI Discovery。所以這趟航程，是不折不扣的「惜別航次」。

TUI即2008年途易與皇家加勒比合資成立的郵輪品牌，此船將是TUI底下第一艘提供全包式酒水套裝的高級船。途易集團是歐洲第一大旅遊集團，擁有3,500家旅遊專門店、155架飛機……所以海洋榮光號可算是嫁入豪門吧！

原來因為是「惜別航次」，船票比平常便宜。船到威尼斯之後，所有的工作人員都會下船，改裝完畢，再換上TUI船員。船上日報表天天都註明倒數日期，所有的活動都是「一期一會」，整艘船的工作人員，無不使出渾身解數，要幫乘客創造回憶。

我邀夥伴一起去參加「顫慄舞」活動，主題曲就是麥可‧傑克森的〈Thriller〉（顫慄），帶領的是可愛的巴西美眉Talita，我們先學跳整首舞，某天晚上再無預警地扮「殭屍」出來跳舞嚇大家。而沒想到排練到最後，Talita竟然哭起來，因為想到是最後一次帶這舞，百感交集。大夥也紛紛上前擁抱鼓勵她，氣氛好溫馨感人。

我們扮成殭屍，在晚上出來跳〈Thriller〉嚇人。

為了這趟特殊航程，我事先還特別製作全團紀念T恤，在船長之夜，當我把繡上「Splendour of the Seas Dubai-Venice 2016」字樣的衣服送給船長時，他大感驚喜，並感動地說：真榮幸有這群台灣朋友在船上，能一起完成這航程。

後來，我們這團甚至爭取到了「船橋之旅」（bridge tour），實際參觀船長如何開船，這是我搭這麼多次船，第一次獲此待遇。

這艘船雖然等級不算高，但皇家加勒比的船，優點就是活動熱鬧，像是中庭有「壯麗的飛行秀」，由舞者站在吊燈上垂吊下來，跳舞營造氣氛。另一個中庭活動「國際船員遊行」，各國船員揮舞國旗的壯觀場面，也讓我狂按快門。雖然餐食有個小缺點，就是「龍蝦」竟然要付費才能品嘗到，但這艘船的付費廚房體驗之旅是我見過最用心的，除了漂亮的展示，參觀完畢更可從廚房拿食物出來，現場享用。

難得的船橋之旅，參觀駕駛室，看船長與大副如何開船。　舞者由吊燈上垂吊而下，令人印象深刻。

在航程尾聲時，船上也舉辦海洋榮光號惜別會，船長與所有長官全部到場，在全船乘客見證儀式中，將船正式交接給TUI代表。

社大學員與親友都是上班族或退休族，可說臥虎藏龍。這次我跟船上包了一個會議室，特別邀請團裡的高人們來輪流擔任演講嘉賓：梁珊華教授，來自我母校東吳大學的社工系，有豐富的社工臨床經驗，她分享「認識你身邊的危險人物」，帶我們分辨一些常見邊緣型人格；許嘉贊教授的「從旅行認識世界」，分享特殊旅行及公益旅行經驗與感受；美國國際易經學會台北分會郭明先生，跟我們談「易經是什麼」，順便帶大家享受毛筆揮毫的樂趣；另外還有我的好友王鈴榛，曾任社大塔羅星座講師，來幫我們分析「12星座自我探索」；我帶大家玩彩繪，為事先準備好的俄羅斯娃娃、木雕等換上新裝，還講了一場郵輪講座。其他時候大夥就唱卡拉OK跳國標舞。

經過「海上學院」深度交流，大家很快建立了深厚的情誼。

蘇伊士運河偉大航道

第十天來到蘇伊士運河，全日都可欣賞運河景觀。以前我曾經從埃及的伊士麥里造訪過此運河，並搭船到對岸西奈半島。但能在船上通過是第一次。我幾乎整天徘徊在甲板，心中興奮且激動，這正是偉大的航道！我心中忍不住拿蘇伊士運

河，和曾經去過的巴拿馬運河相較。明顯不同的是，蘇伊士運河沒有水閘，因為紅海與地中海沒有明顯水位差。另外蘇伊士比較長，從南入口到塞德港163公里，已超過巴拿馬運河的82公里。寬度目測是蘇伊士比較寬，不像巴拿馬幾乎是貼著兩岸行駛。但我還沒去過在2016年拓寬後的巴拿馬運河，應已不同。

當年英法控制的蘇伊士運河公司，曾強迫埃及工人挖掘運河，花費了將近11年，最終花費高達1,860萬鎊，才順利建成。而早期的運河收益幾乎都由英法享有，後來才將運河交還埃及，現在是埃及重要外匯收入來源。

令人開心的是，這次我們有35公里是走2015年8月新通航「新蘇伊士運河」的水道。新開挖的河道更寬，並且搭配泥沙船疏濬工程，以確保吃水深的超級油輪能通過，據說百分之七十運往歐洲的石油會經過蘇伊士運河。根據埃及的官方說法，新河道開通後，船隻通過運河時間，將從22小時大幅減至11小時。

約莫中午時，船通過了由日本人協助建造的蘇伊士運河大橋；傍晚時分，郵輪通

總算乘船渡過寬闊的蘇伊士運河，彌補我當初「環遊世界 80 天」之旅的遺憾。

過蘇伊士運河重要的港口塞德港，這裡是造船和紡織工業重鎮，從甲板上可看到市區與清真寺的景觀。1956年10月29日，英法為了奪得蘇伊士運河的控制權，與以色列聯合，對埃及發動第二次中東戰爭，又稱蘇伊士運河戰爭。塞德港便是這場戰爭的重要地點。

以色列聖地朝聖

兩天後來到以色列阿什杜德港，這站當然是前往耶路撒冷。我們從橄欖山頂開始行程，這裡也是《希伯來聖經‧撒迦利亞書》中預言的末日耶和華降臨地，所以猶太人皆希望能葬在橄欖山。之後到萬國教堂，並從客西馬尼園開始踏上耶穌受難的「苦路（Via Dolorosa）」，這是根據著耶穌受難的14站相關遺跡所組成的朝聖路線。這條路我朝拜過多次，每次心中仍會澎湃激昂。最後來到耶穌被釘上十字架的地點聖墓教堂（The Church of The Holy Sepulchre），我總默禱感恩一切。人一生能來此一次，此生無憾。而我竟然能來此多次。神的恩典保守下，

聖墓教堂拱頂繪有耶穌基督聖像，是傳說中基督被釘上十字架的地點，祂的聖墓也在此。

哭牆邊。世上之愁有十分，耶路撒冷佔九分。

每次團體都會無比順利。

午餐後我們走訪猶太教的聖殿遺跡「哭牆（Wailing Wall）」，是凝聚猶太人民族情感與信仰之地。西元70年羅馬人攻佔耶路撒冷後，一併毀了第二聖殿，從此之後猶太人開始長達兩千年流亡生涯。歷代猶太人總在此哀悼流亡之痛，真情流露而哭，因此這座牆被稱為「哭牆」。據說1967年六日戰爭時，因為當時耶路撒冷被約旦佔領長達19年之久，不准猶太人來哭牆，以色列士兵一路與約旦作戰，在收復哭牆時，也是兩千年以來哭牆第一次處於猶太人控制之下，士兵們紛紛放下武器，跪地痛哭失聲。

而伊斯蘭教先知穆罕默德夜行登宵的聖地「圓頂清真寺（The Dome of the Rock）」，仍是只能遠觀欣賞，非穆斯林無法入內。此行也沒有將位在巴勒斯坦的耶穌誕生地伯利恆「聖誕教堂」排入，因為雖然相距僅十公里，中間卻會通過重重的檢查哨，讓它變成最耗費時間的一條路，恐怕會耽誤回船時間。

參觀完耶路撒冷，心情很沉重。耶路撒冷有著無可取代的神聖地位，幾乎所有重要教派都在此據有一席之地，宛如一個宗教博物館；但這裡的宗教衝突與矛盾卻如此之深，難道信仰不足以化解歧見，反成仇恨的根源？猶太俗諺說：「世間之美有十分，耶路撒冷即佔九分。」但把「美」換成「愁」，這句話也同樣適用。

還是帶大家到死海旁的卡利亞（Kalia）海灘，趁機搞笑一下吧！玩一玩我最喜歡的「水上芭蕾舞」，一群人一起牽手漂浮，然後抬腳做動作。之後成員也很高興地買到最夯的「磁泥面膜」，特色是敷完臉要用磁鐵吸除。這面膜在台灣百貨公司竟然賣到八千多台幣一瓶，產地價卻讓我可以開心地用，不感心疼。

隔天前往海法，這裡是全球巴哈伊信仰（Baháʼí Faith，舊譯「大同教」）中心。該宗教創於19世紀，信徒遍布二百多個國家，超逾六百萬信徒，是全球新興宗教中分布最廣的。我們走訪了巴哈伊神殿與花園、巴孛陵寢幾處地標。巴哈伊花園

海法巴哈伊神殿與花園，這裡是全球巴哈伊信仰中心。

18層梯田設計為同心圓，從金色圓頂發散出來，非常壯觀。我們接續造訪十字軍戰士全盛時期的遺跡凱撒利亞（Caesarea），最後走訪UNESCO世界遺產阿克古城，穿越過從舊約聖經時期、十字軍東征時代一路走到19世紀的歷史，結束這場西亞宗教文明之旅。

希臘雙城記

第15天郵輪抵達愛琴海迷人的聖托里尼島，正是柏拉圖筆下的亞特蘭提斯。搭接駁小船靠岸後，我們直接騎驢上費拉（Fira），逛街並享用午餐；午後到Venetsanos酒廠，品嘗葡萄酒，並欣賞田園風光；之後到皮爾戈斯村（Pyrgos Village），沿著小徑散步上山，山頂有一座18世紀的修道院。而「藝術家的村落」伊亞（Oia）是島上最美的地方，這裡有狹窄彎曲的鵝卵石小巷、精品店、咖啡館，陡峭山壁滿布美麗房子和教堂；在回程，我們還特別徒步去造訪，號稱希臘第一景的St. Theodori Church藍頂教堂，並欣賞停在外海的海洋榮光號，再搭纜車返回。當傍晚郵輪緩緩的離開時，我在甲板上回望聖托里尼島全貌，心想，我們實在是太充分利用這一天了！

隔天的雅典，有一位上過我環遊世界班，正在環球的台灣女生Katia和我們會合，同遊一日。她從亞洲經西伯利亞鐵路到歐洲、中東、非洲，已獨自在外旅行半

年。這次我邀她來當我的一日嘉賓，跟大夥分享她的經驗，同班同學的熱心暖男建明，甚至還幫忙帶補給物資過來，並幫忙搬運東西回台灣。衛城與各景點參觀完畢後，Katia和我，還有社大班上幾位同學，在雅典露天咖啡座開心喝咖啡。半年的旅行歷練，Katia皮膚曬黑了，眼神炯炯發光，感覺她深深樂在旅程。雖說相濡以沫，不如相忘於江湖。跨越江湖的世界彼端，竟還能相濡以沫，分享感動，豈不快哉！

最後，我們在威尼斯下船，遊覽兩天後，再飛回台灣。

一趟旅行能夠縱貫三千年各偉大時代（古希臘、古羅馬、阿拉伯、拜占庭、文藝復興）、橫跨亞非歐三大洲、六個宗教聖地（伊斯蘭、猶太教、天主教、基督新教、東正教、巴哈伊教），還有六個國家（阿聯酋、阿曼、以、埃、希、義），更蒐集了許多世界遺產地點，真可謂滿載而歸。

伊亞的美景，陡峭懸崖上布滿了彩色房子與藍頂白牆教堂。

在這個階段航海，對我而言，是一種沉澱自我的方式。從煩瑣的日常現實生活中逃離，並且重新感覺到自己是一個人——值得被照顧，值得被款待，值得被取悅，值得好好妝扮自己——而不是不斷掏空自己，工作家庭蠟燭兩頭燒的窘境。所以每隔一陣子，就會想對老公說：我出去一下喔。然後這個出去一下，不小心越走越遠。感謝他一直以來的包容。

這次因為一起自由行，我想給大家各種選擇空間，並盡量幫大家省荷包。沒想到因此我忙了半年，每天都在LINE群組回答各種問題，沒有搭過郵輪的人，問題多到超乎想像。我每天等小孩睡著後才能回答，都弄到三更半夜，自問我為何要攬這麼多的事情？回來時候，我發誓我不要再做這種傻事了！

但一群對的朋友，可以讓郵輪之旅的樂趣，發揮到極致。這趟航海，也達到前所未有的顛峰，結束後夥伴們給我的回饋和愛，讓我到現在還醺醺然。我甚至還收到團員精心製作的照片書。很多人因為這第一次，中了郵輪的毒，如楊氏與趙氏伉儷短期內又連搭五六趟郵輪，出現典型的郵輪上癮症狀。

相關資訊

1. 皇家加勒比郵輪海洋榮光號（Splendour of the Seas），70,090噸。1996年下水，2006年整修。2017年《貝里茲郵輪年鑑》評3.5星。它和1995年下水的海洋神話號（Legend of the Seas）是姐妹船。這艘船並不頂級，我主要是取其航線特殊，價格便宜。

2. 我的入手價很便宜，17天16晚內艙船票USD 492+NCCF附加費用USD 400+碼頭稅USD 298= USD 1,190（台幣37,485），相當於每天船票約70美元。該航次半年前就降價，跟惜別航次有關。

3. 這航線是標準的重新定位航程。各公司的船艦通常在走完地中海郵輪季的10-12月，從威尼斯、羅馬、雅典等港口移動到中東杜拜或是亞洲新加坡等地，展開該區的常態航線，之後在隔年3-5月之間，再反向移動到地中海。

4. 簽證：我們2016年搭乘經驗，僅需辦U.A.E.簽證。阿曼因船公司保證，不需簽證。以色列本就免簽。歐洲的申根國免簽，但需保申根保險。同一類型的航線，還有可能停靠埃及、約旦、卡達、巴林、沙烏地阿拉伯等，宜與船公司確認簽證細節。

難得的「惜別航次」全船乘客大合照，第一排中央穿紅外套者就是我。

北太平洋跨洋之旅：
陪著超級 VIP 看世界

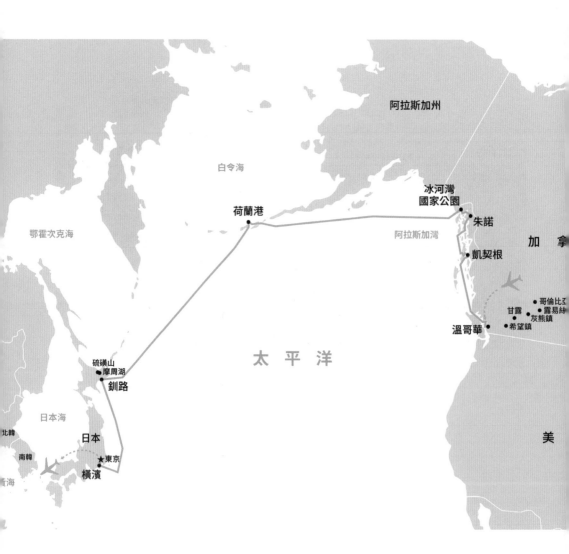

2016年秋，我在臉書興奮地分享：「今年我最期待的一趟旅行終於要出發了，此次同行12人裡面有位超級VIP，多年來非常照顧我，在我這裡花費的費用，早就夠她環遊世界好幾次了，我非常榮幸能夠服務她，希望她這次玩得很開心。」

也許你已經猜到了，這位超級VIP，就是我媽。

媽媽退休後常常待在家，較少出門。而我常常處心積慮，傳各種機票與郵輪促銷給她看，希望鼓勵她出門旅行，不過她總考量膝蓋不適與經濟負擔，很少行動。這次看到荷美華倫丹號（Volendam）北太平洋航線，出現季末最後一分鐘超低價。沒想到媽媽竟然難得地表示有興趣，我趕緊把船票訂了，將生米煮成熟飯。

我一將消息分享給社大學生群組，就有幾位朋友私訊我：可以跟嗎？我仔細考慮，郵輪人多是比較好玩的，後來決定開放參加。最後有十位朋友同遊，其中有許多位跟母親年齡差不多，也有同樣教師退休身分者。既然要跑這麼遠，我就順便加碼，除了由溫哥華到橫濱的橫越北太平洋航線，也安排參加溫哥華當地洛磯山脈四日遊，走走看看。

秋遊洛磯山脈

清晨，旅遊團巴士到旅館接我們。車子走在秋天的洛磯山脈，像一枝筆，在大地上寫一首詩。四周金黃斑斕的色彩不是楓葉，是白楊樹葉子轉黃，9月多的季節很美，也是哥倫比亞冰原封閉前最後一梯次旅行團。

我一邊沉浸在能與媽媽同遊的幸福感，一邊欣賞美景，心中感恩地想著，萬物皆有其時，每棵樹都有它最美的時間，但大環境也很重要。該把握當下，對的時候，做對的事情。該綻放，就用心

綻放；該珍惜，就努力珍惜。

沿途山巒層疊，湖泊透綠如鏡，媽媽最喜歡瑪麗蓮‧夢露拍攝《大江東去》電影的弓河瀑布，以及93冰原大道沿途雄奇的山脈。已多年沒有拍照習慣的她，此行也開始拿起平板拍照留影。而我最愛的是哥倫比亞冰原，搭冰原雪車上冰原，一下車冷風颯颯吹來，景致壯觀。不過因為怕媽媽跌倒，我沒敢拍太多照。

沿途餐食豐盛，還穿插在歐肯納根河谷夏之丘酒莊喝冰酒，在甘露市試吃人參。加拿大這一帶真是宜居之地，前提是要口袋夠深。就像導遊戲稱，BC省就是Bring Cash的縮寫。導遊也不斷感嘆，以前阿拉斯加帝王蟹與東岸龍蝦都很便宜。馬雲來了，全部搜購一空。所以該吃該用的，不用捨不得，不然也許以後吃不到了。

我覺得帶長輩出門吃住絕不要省，也不要太耗體力的純自助行。這幾天跟團CP值相對頗高。雖然按表操課有點緊湊，但經驗豐富的導遊沿途幽默解說，吃得豐盛，住得更好。加拿大是世界土地面積最大國家，旅館實在霸氣。除了入住城堡

金黃斑斕的洛磯山脈。

飯店，另一間滑雪度假村的套房大概是我至今住過最大的旅館房間。客廳之外，還有大廚房、臥室、專屬洗衣間。媽媽說，如果家裡能像這樣也不錯。媽媽一開心，我就開心了。

阿拉斯加季末航次

在溫哥華上郵輪後，我們搭的華倫丹號，就沿著內灣航道前往阿拉斯加。這次帶媽媽重遊阿拉斯加，體力是一大考慮。同行者有多位退休老師，彼此是登山友，體力非常好。荷美提供的岸上遊程很豐富，阿拉斯加每站都有將近30個行程選項。我將細節都翻譯給大家，讓大家選擇，第一站凱契根多數人都選擇了東加斯國家公園的「雨林島健行」。可惜天公不作美，當天下著

與超級 VIP 同遊凱契根的小溪街。

雨，大夥搭橡皮艇在淒風苦雨中行駛一個小時，前往原始雨林健行。團友呂姐則選擇跟著我和媽媽走。呂姐上過我社大課程，本身經營月子中心，家裡也開知名餐廳。沿途聽她的人生經歷與投資故事，收穫頗多。我們去看伐木工人秀。這次也在小溪街河裡，見到有鮭魚洄游和幾隻海豹在嬉戲。回船上後在自助餐，吃了「阿拉斯加淘金主題晚餐」，所有服務生都著Lumberjack Style格子衫，菜色則有鮭魚、阿拉斯加傳統酥皮湯等。

在朱諾棉田豪冰河時，這些健行高手大姐們全去挑戰步道健行。看到她們，我也警醒自己應在每一次能選擇時，都要盡量選擇健康的道路，期許未來也能像她們充滿活力。我也去挑戰步道，沿著幽靜步道到瀑布邊。我心中一直祈禱想看到熊，當天真有母熊帶小熊出沒，可惜我差五分鐘，錯過了。反而是在遊客中心賞景的媽媽和呂姐，毫不費力就看到。導遊說熊是夏天較活躍。遇到熊，要張大手，盡量看來比牠大。若是黑熊可能會跑。大灰熊則無用。真不行，則要跑斜線，邊脫衣服。轉移注意力。萬一不幸被攻擊，則抱頭，裝死。

我們搭的船，是阿拉斯加今年最後一艘停靠郵輪。伐木工人秀表演也是今年最後

一場，工人們還特別將女主持人丟到水池中，以茲慶祝。朱諾的導遊大姐，興奮地秀出手機照片說：「我明早要飛到佛州坦帕，看剛出生的孫子，明年春天再回來」。許多商店早已關門。我帶大夥上羅伯山健行，下山後看到一旁的商店正「季末大清倉」。防風防雨的厚外套每件不到十美元，帽子不到兩美元，真是不可思議的低價，我們搶購了幾件。一走出那家店，店員火速熄燈關門：「See you next year!」開船時碼頭整片烏漆抹黑，阿拉斯加進入冬眠模式。

好似給我們的臨別贈禮，當晚北極光來送行，被徹夜守候的日本乘客發現。可惜當時我已進入熟睡的夢鄉。

隔天船走在冰河灣國家公園，我一早就拉著媽媽出艙房，到自助餐廳的落地窗前選個位置，欣賞美麗的冰河。相較於媽媽的淡定，我的愛瞎忙性格又發作，跑進跑出。一會到船頭戶外取景，一會到頂樓去聽ranger導覽。一會去拿荷美著名的傳統，只在冰河灣國家公園提供的荷蘭式傳統豌豆湯。還非得配著冰山景觀，喝上一瓶阿拉斯加啤酒。

坐在餐廳便能觀賞美麗的冰河。

與母親的郵輪生活

過了冰河灣國家公園後，就開始兩天的跨洋航行。很感謝多位社大好友，大家每天一起吃晚餐，開心的聊天作伴。他們都很幽默風趣，尤其是李氏伉儷，總是妙語如珠，逗媽媽開心。例如郵輪很多西方美食，我會事先翻譯中文菜單，而他們總會把菜名轉成「台客版」神詮釋，如紅酒燉洋梨是「阿嬤用電鍋燉來治嗽的梨仔」，舒芙蕾是「發粿沒有發起來」……常常一頓飯從頭笑到尾，連不明就裡的印尼服務生Ardi（我們喚他台客版「阿弟啊」）都在旁邊跟著一直笑。如果只有我帶媽媽來，可能沒這麼有趣吧。

這次我們住外艙，也常常點早餐到房間來吃。搭配窗景享受豐盛早餐。在郵輪上享用餐食，真是很療癒的一件事情。荷美的餐食一向不會讓我失望，龍蝦、帝王蟹等，都是我老早就想要帶媽媽來體驗的。

我的荷美航海經驗都很美好，雖然它的客層略顯年長，我還是在其中認識過許多有趣的人。媽媽是英文教師退休，語言沒有問題。所以我事先想像的畫面，是媽媽會在船上結交一些年齡相仿的外國友人，並且盡情體驗各種郵輪活動。我以往經驗，參與越多的人，通常會越喜歡郵輪生活。所以我很期待她多發掘郵輪的樂趣。

沒想到，船上各式活動和表演，她都不感興趣。寧可待在艙房中。偶爾勉強拉她去看秀，她也表現得興趣缺缺，讓我大感失落。我因此還跟她爭論。她說該看的東西她以前都看過了，各知識領域無窮無盡，不感興趣的部分也不想勉強。只有船上的古典小提琴演奏樂手，曾讓她坐下來好好聆聽欣賞。

此行我除了盡量帶大夥參加活動外，也在船上玩彩繪小型工藝品。媽媽畫的風景畫，大家都稱讚很美。讓我想起小時候，畫畫是媽媽的興趣，我們家有取之不盡的圖畫紙、水彩、蠟筆、炭筆……我會這麼愛塗鴉，也是其來有自。

荷蘭港邊陸小鎮

兩天航行後，船停靠在阿拉斯加阿留申群島的烏納拉斯卡（Unalaska），另一個

如果沒搭郵輪，或許不會來到這小鎮。小鎮雖冷清，但簡單的生活也有另一番風味。

更廣為人知的名字是荷蘭港（Dutch Harbor）。早上，媽媽跟我說她今天不想下船了。想到接下來，還有四天航海，我盡力勸說她下船看看，她猶豫許久，後來決定下船。荷蘭港這一站，船公司沒有販售任何觀光行程，僅派免費接駁車往返市區。沒想到接駁車數量不夠，我們一下船，就在船邊強風中苦等30分鐘。冷得直發抖。

荷蘭港是美國年產漁量第一名的港口，也是美國北太平洋重要軍事戰略點。二戰的時候因為日本派兩艘航空母艦襲擊此地，引發阿留申群島戰役。前一天郵輪總監Mark說，郵輪非常少停荷蘭港，大家一到那就會明白為什麼。果然景色可說荒涼無比，唯一的一條大街上，只有屈指可數幾家商店。

我在文具店裡遇到一個美國女孩，她說她本是洛杉磯的平凡上班族，因為厭倦了大城市的生活，有一天從網路看到徵人訊息，就決定來這了。我很好奇她不會無聊嗎？她說她喜歡這裡的簡單生活。荷蘭港人口僅四千多人，幾乎每個人都認識

彼此，不工作時她會去爬山健行，和朋友泡泡酒吧。天氣不好時，就乾脆窩在家不出門。

媽媽和呂姐去逛了「阿拉斯加船補給」大賣場，裡面販售著各種海員補給品與工具，琳瑯滿目的酒類，還有很少量的蔬果，價格非常高昂，尤其我們剛在朱諾血拼了十美元外套，來到這一看，類似的外套要價十幾倍價格。呂姐要買牙膏，媽媽勸她買熟悉的高露潔品牌。她說她較崇洋，想著「外國的月亮比較圓」，故意挑了一個沒見過的舶來品。結果回船上，一刷下去，奇怪怎麼刷不動！再刷，連嘴唇都黏住了！原來竟然買到的是──「假牙黏著劑」！花了半個多小時好不容易清理乾淨。後來她每次講這段趣事，大家都笑到肚子痛。

當地風很大，在室外舉步維艱。我趕忙去僱了一輛休旅車，談好每個人付十美元，逛周邊幾個景點。包括俄羅斯東正教教堂、草莓丘、鮭魚溪……等。小溪裡有很多鮭魚在洄游，鳥類在一旁等待，啄食筋疲力盡的鮭魚。我覺得這裡的地貌與彩色房子，跟我曾去過的蘇格蘭高地、冰島、格陵蘭都很相似。若看地圖，也在差不多的緯度上。而人種上也有關聯，阿留申群島與白令海峽一帶是尤皮克人，和格陵蘭與阿拉斯加的因紐特人，以前都被通稱為愛斯基摩人，文化與種族相近。這樣的觀察經驗十分有意思，但我想如果不是郵輪，我應該一輩子都不會來到這地點吧。

挪威老鼠酒吧販售的肥滿帝王蟹。

荷蘭港另個綽號是帝王蟹之都。我打聽到島上有一家「挪威老鼠酒吧」，販售帝王蟹腳。我本想帶媽媽和呂姐去享用。沒想到媽媽歸心似箭，急著要快點回船上。我陪著她們搭接駁車。但後來想想覺得不甘心，中途我改變主意，在阿留申博物館下車，參觀完博物館後，我走回到酒吧，點了一客帝王蟹。

一份四隻肥滿的大蟹腳，只要35美元。肉質真是扎實又鮮甜，蘸著熱奶油，配著

阿拉斯加啤酒。帝王蟹當場打敗古巴大龍蝦，榮登我此生吃過的海鮮冠軍。看四周的饗客個個眉開眼笑，原來荷蘭港的菁華在此啊！如果我沒有讓媽媽吃到，可能會遺憾終生吧，我立馬另打包一份蟹腳，帶回去船上給她們品嘗。

消失的一天

接下來，又是兩天航海。媽媽在荷蘭港那天，回船的接駁車上，有外國旅客不斷咳嗽，回來後她開始感冒，之後更不想出艙房了。我非常後悔，深覺當時不該勉強她下船。還好此行是搭郵輪，可以好好休息調養。

跨太平洋航行，幸運地風浪沒有我想像中的大。因為往西航行，郵輪頻繁調整時區。有時早上把手錶往回調一小時，睡前還要往回調一小時。郵輪總監Mark說，如果不這樣調整，到日本後，會有一批旅客半夜兩點爬起來找食物吃，因為美國晚餐時間到了。而國際換日線，好像神祕的百慕達三角洲，直接偷走了我們的一天，當晚船上時間從10/7，直接跳到10/9。Mark打趣地說：「如果有10/8生日者，我在此道歉。」

經過三天吃藥與閉關，媽媽終於好一點了。我拉她出來和團員一起吃了點餐式早餐，再加入了團友大血拼的行列。船上品牌手錶部分折扣下到三折，媽媽大方幫沒有來的兄弟與妹妹，各選了一只精緻手錶。我也買給辛苦的老公。血拼是一劑強心針，腎上腺素能治百病，看她心情大好，也不咳嗽了。母女一起在採買儀式中，得到了神祕的救贖。

華麗的早餐令人精神一振。

北海道驚魂記

船停北海道釧路港那天，我和媽媽及幾個夥伴包車前往摩周湖。就像《非誠勿

丹頂鶴漫步田間，讓人驚覺此行已從北美回到東亞。

擾》電影場景，一群人坐在休旅車內，沿路搞笑。看著窗外藍天白雲，搭上綠草如茵，大夥都覺得這場景好眼熟啊！對了～簡直是「Windows開機畫面」！當場好想拿滑鼠，點擊看看草原上的牛隻。在經過鶴居村附近時，我們巧遇了一大群丹頂鶴，姿態優美地在田裡漫步，時而又集體飛翔騰空。而雖然語言不通，日本司機聽到我們討論時不斷出現「拉麵」關鍵字，直接載我們到弟子屈拉麵總店，大快朵頤一番。

結果這一切，都在接到一通電話後變調。

那天有另外兩位團友，在北海道要提早下船。我事先幫他們申請到核准文件，也跟船上再三確認。船方請他們當天一早到指定的會議室下船。其中一位團友曾在日本求學過，當時還跟工作人員輕鬆聊天。之後兩人沒有經過日本移民官的入境流程，就直接離船，而船公司竟然也放行。

我那天出遊過程中，中午手機就響起來。客服主管非常緊張，要求這兩位乘客立即回郵輪補辦程序，否則可能會被當作是非法入境者逮捕。此時這兩位團友已經在火車上，正前往札幌機場趕搭回台灣的飛機。若返回必會錯過班機，且就算勉強回到釧路，郵輪也早就開船離港了。其中必須趕回去開預算會議的銀行主管Anne，若錯過這班飛機，可能也會丟掉工作。

我不能眼見團友被逮捕，甚至冒著丟工作的風險。船公司十分緊張，我猜想因為此疏失，船方可能也會受到日本政府高額的罰款。客服主管每隔五分鐘就打給我一通電話，我也竭盡所能不斷聯繫處理，後半段的地熱景觀、釧路溼原、魚市場等，根本無心體驗。

最後，終於在回船後，我們成功讓札幌新千歲機場的海關了解此情況，並請她倆一到機場，先去移民辦公室報到補辦入境，再搭機出境返台。

我一直守在前台，直到團友順利登機，全部人才如釋重負。兩位團友發現每個關

口都有人舉著她們姓名的牌子，確保她們離境。此後每次我到郵輪前台，職員們都紛紛對我致謝。我想，我的確幫船方成功處理了一次危機。

橫濱內心小劇場

橫濱下船後，我帶大家搭紅鞋號觀光巴士到處走走。呂姐還請我和媽媽享受日式美食。大夥逛累回旅館休息。我安排好隔天去機場的交通，再獨自徒步走到中華街探路，找了一家看起來不錯的中式快炒吃到飽餐廳，準備晚餐帶她們來享用。

本以為會是個happy ending。沒想到，媽媽和呂姐，因為不滿意餐廳的大陸式口味，還有菜色分量太少，開始不斷抱怨。我當場聽到「匡嘟」一聲，是我玻璃心碎裂滿地的聲音啊。她們還順勢抱怨起郵輪的餐食，說西方化的食物不合胃口。天呀～我以為你們至少很享受豐盛的餐食。這簡直是壓垮駱駝的最後一根稻草。

橫濱港，熟悉的東亞都市景觀，是我們此行的下船地點。

我從以前帶媽媽旅行就知道，見苗頭不對時，一定要主動抱怨，不然，等到媽媽抱怨時，身為安排者的我，只能默默地玻璃心碎。我馬上跟著高分貝責罵餐廳的菜不好，驚動到主管都出來連聲道歉。我藉機去上廁所，因為眼淚已經快奪眶而出啦。

離開日本前，我問媽媽想吃什麼。她對上次到京都自助行，吃到的美味日式豬排飯念念不忘。我自認是厲害的「旅遊達人」，一定要使命必達，結果在橫濱元町，鬼打牆似的，連一間豬排飯的店都找不到，手機的app一直帶錯路，問路人也無解，直到媽媽都快走不動，只好作罷。最後到機場的美食街，終於點到久違的炸豬排飯。看她咬下一口時，終於露出一絲笑容。

回想這一路常常不小心玻璃心碎，內心戲小劇場OS不斷，我是怎麼了？我這麼需要別人的認同和肯定嗎？

事後好友X跟我分析說，這其實是媽媽在對女兒「撒嬌」。是母親少數堅持「做自己」的時刻。且常對女兒發出來，因為女兒總會買單（兒子可能根本無感？）。X的母親是韓國華僑，她每次跟母親回韓國，都因為媽媽種種的堅持生悶氣。例如女兒不能單獨出去，會危險。明明女兒已是40歲，早就獨自走遍世界的超級旅人。陪媽媽回韓國的四次，她甚至連想要去東大門逛逛街的簡單心願都沒達成，因為媽媽說那是觀光客才去的地方。她們總是在旅途中僵持，甚至她曾因此生病一場，再也不敢陪媽媽回韓國了。

雖然能夠理解，但偏偏我聽到「抱怨」，就會勾起了我所有的、工作上曾被客人埋怨折磨過的負面經驗。我一直不懂，為什麼有的人明明在人生最幸福的時刻，總還是不能停止抱怨。在最美的人生風景前，只注意到腳下的泥濘。如果出來旅行沒感受到自由，只專注在種種堅持，就好像帶著一整個宇宙，一整個自我出來旅行。再多的美好也感受不到呀。

我們都被自己的心欺騙了嗎？認為非得怎麼樣不可。

我自認已努力做到最好，甚至以我微薄財力與硬擠出的時間，事前熬夜規畫並獨自擔任行李馱獸，只想看媽媽開開心心，不想聽到任何「客訴」。我想藉安

排旅行，傳達對母親的愛。但在這之後，我也深刻反省自己，能不能只付出不要求回報，或期望得到讚美，像小時候媽媽對待我們那樣，只是單純的陪伴。

小時候媽媽帶我們出去旅行，也沒有逼我們走快一點、多認識幾個朋友、多參加幾個活動吧。沿途也一定遇過很多抓狂事！

記得有一次，媽媽獨自帶四個小孩上台北玩，四個小屁孩一路在車上吵鬧不休。到台北一上計程車，暈車體質的妹妹，就一股腦兒地嘔吐在我全新的洋裝上，過程的確是有混亂，但回憶裡，一家人出遊在大湖公園的照片，就是童年最美好的風景之一。

萬事萬物原本只是中性。該接受我們想法體力本來就不同，不要評判，也不要試著改變對方。回歸初心，我的目的不就是要勸媽媽常出門，也達到了呀！這趟旅程我們也的確有很多享受的時光。

後來媽媽回家，經過好好休息過後，也恢復了精神。對兄弟和妹妹，開心地展示這趟旅行拍的900張照片與戰利品。我想她沿途也包容這個女兒很多吧！兄弟和妹妹也稱讚我帶媽媽自助旅行三次，已是「了不起的人生成就」。我相信下次有機會，我還是會義無反顧再出發。

所愛的人才是最應該帶上郵輪，一起航向美麗世界的人。

原來我接觸郵輪，就是為了這一刻準備。原來我服務這麼多VIP，就是要學習怎麼用對待VIP的態度來對待身邊的人。

我們總是對陌生人付出許多，卻忘了該對生命中最重要的人最好。就像行李物品要斷捨離，人生關係更應該要斷捨離。

珍惜所愛，他們才是唯一最應該帶上郵輪，一起航向美麗世界的人。

最美的風景要和最愛的人共享，圖為在我們下榻的露易絲湖城堡飯店，眺望壯麗的湖景與冰河。

相關資訊

1. 荷美航運華倫丹號（Volendam），61,396噸，2000年下水。乘客1,440人，船員561人，2017年《貝里茲郵輪年鑑》評4星。

2. 我的入手價：出發前兩個月買到，每人15天14晚的內艙價格竟只要USD 699美金+稅金USD 247=USD 946。全程船票不到三萬元台幣，相當每天台幣1,987元/人。如訂外艙也只全程多100美金/人。

3. 帶長輩出門，宜考量體力與自身規畫力，切記不要勉強。若無把握，一開始可以短天數，以及先進國家優先。郵輪之旅具有彈性，累了就可休息，頗適合銀髮族。必要時可多找幾位家人親友同行，較熱鬧也可分工。

後記：
分段航海環球
即將完成

東南亞常見的中式建築，也是航海家們傳播文化
的足跡，照片為檳城喬治市的僑生博物館。

地球有三分之二是海洋，這幾年航海最大的感想，是體會到「航海力」之於文明傳播與國力強弱，扮演至為關鍵要素。尤其地理大發現，對全世界產生了前所未有的巨大影響。而文明的碰撞地總是在港口，港口常是一個國家最先發展之地，如台灣最早的「一府二鹿三艋舺」，都是重要港口。

旅程中也發現，全世界有很多雷同的「菜市場名」，都拜航海歷史所賜。例如「大不列顛」這面大旗下，統治過的地區，很多都叫維多利亞、喬治城等。西班牙足跡所到之處，則出現很多格拉那達、聖地牙哥（甚至包含我們的「三貂角」）。荷蘭人用自己的省名，命名了如紐西蘭（New Zealand）、還有我故鄉的安平古堡「熱蘭遮城」（Zeelandia）。南美洲委內瑞拉（Venezuela），其實是義大利航海家口中的「小威尼斯」。英國通往新大陸的北大西洋航道，則承襲以 land 命名傳統，充滿 England、Scotland、Ireland、Iceland、Greenland、Newfoundland……這樣的地名。而鄭和這位「三寶太監」走過的地點，則有很多的，如爪哇的三寶壟、三寶廟，泰國的三寶廟、三寶塔等地名。

截稿日前，與朋友走了航海環球之旅的倒數第二段，也就是從新加坡到阿布達比的印度洋航段。這條航線更是清楚呈現了航海歷史的風華：中華文化以一種漸層的樣貌，漸漸朝西擴散開來，旅程從我們熟悉的華人社會新加坡開始，到泰國普吉島還有經過唐人街、慶祖廟等東方景點；越往西走，華人的影響就越小，取而代之的是伊斯蘭與基督教文明，從西方渲染過來，在航線西段漸趨強烈。

單單在「南印度」一個區域，就可以看到兩邊不同文化的風景，呈現東西混血的風貌——有些城鎮建築帶著歐

果亞仁慈耶穌大教堂是傳教士聖方濟‧沙勿略長眠之地，聖人遺骨每十年會對外界公開展示，下次是 2024 年。

洲風情,而生活日常又可看見中華文化的影響。鄭和由東邊來訪,達伽馬從西側光臨,各種不同的文明,在印度洋航段上交織出趣味的景象。

最初文明傳播靠「武力」,後來靠「宗教」,現代「觀光旅遊」的影響也不容小覷。蜂擁而至的歐美客與海灘派對文化,便改變了南印度純樸的果亞(Goa)。當地導遊對這股風潮的極盛期印象深刻,他說小時候喜歡模仿嬉皮風穿著,並且總努力攢下零用錢,只為了能去洋人市集買西洋流行音樂卡帶。後來發生了遊客嗑藥暴斃的事件,現已禁止這類狂歡派對。據說派對也化明為暗,甚至還有戴上耳機跳舞狂歡的「無聲的派對」。

在早期造訪西葡英荷等航海國家時,我曾多次為航海家的勇氣與功績深深感動,在科技不發達的時期勇敢航向大海,在海上忍受暴風、糧食缺乏、船員叛變、海盜、敗血症等的死亡威脅,寫下個人與國家不朽的歷史,是多麼光榮且偉大。然而,隨著我旅行探索的觸角延伸,在後來超過十多次旅行拉丁美洲各國,以及近十趟非洲旅行,看過或讀過數不清被殖民者販奴、剝削、屠殺、販賣鴉片的暗黑歷史之後,實在無法再用相同的眼光,去看這些經過包裝後的美麗歷史糖衣。

當弱勢文明遇到貪婪的強勢文明,雖註定走向滅亡,或大大改變樣貌,但歷史在殘酷的玩笑背後,也隱含祝福。數百年後,當我到拉丁美洲、非洲與南亞,看到新舊世界碰撞出來的多元文化風貌,令我深深著迷。為此,不知是否還是該向當初這些勇敢出航的靈魂,說聲謝謝。

南印度科欽(Cochin)特有的懸臂式「中國魚網」,據說是從中國傳入。然而導遊與當地人都說沒聽過航海家「鄭和」。

同樣是南印度,果亞的拉丁區 Fontainhas 卻帶著濃濃南歐味。搭配遠處走來的西方遊客,還真容易誤以為自己在歐洲。

現代雖然已無險可探、無地可征服，但我們是否能夠旅行得更「面向海洋」。台灣是海島，而近來看到很多研究，都說台灣可能是南島語系的發源地之一，這塊土地的祖先，一定也曾勇於航海，語言才會傳播如此之廣，遠達紐西蘭、復活節島等地。更期待，未來的年輕旅人能更「擁抱海洋」。也許不用想得太難，當大家一窩蜂在搶購「低價航空」時，也許買一張「低價船票」，更能帶給你一個截然不同的世界觀。甚至，也有可能嘗試像日本建築師安藤忠雄，年輕時從歐洲買船票搭船回日本，那樣深刻的長時間航海體驗。

感謝另一半，一路走來總是支持我的夢想，尤其在旅行與寫作此書過程中，包容我很多。也感謝職業旅人的身分，讓我更有機會結合興趣與工作。旅遊業也是最好的修練場，在帶團的經驗上，曾經經歷地獄般的人性修羅試煉場，也曾遇到天堂般的人性光輝美樂地。旅程中的人，讓我的人生如此豐富。 沒有人是平白無故來到我身邊，因緣聚合，每趟旅程都是一期一會。進到我生命的人，我會珍惜。不懂我的人，過程中真誠以待，結束後祝福並保持距離，亦不需要百般討好。並且記住信仰的重要性，一個人在關鍵時刻，堅持與相信什麼，可以看出他是誰。

我在環遊世界這件事情上，窺見創造之主如雪花般均衡細緻的安排，越往其中探索，越覺得一切樂趣無窮。而郵輪是其中一片雪花，前後歷經 12 年，它的輪廓漸漸清晰。寫這本書是把這片雪花再度好好的凝視，描述出來。也感覺像是船在卸貨，因為寫作過程中有時瘋瘋癲癲，自己又哭又笑，寫完如釋重負，終於可以將回憶輕輕擱下，繼續前行。

也希望下一片雪花，不要再等那麼久。

以下僅列出我走的【分段航海環球】航程，銜接點以及使用的船，供讀者參考。有些航線我因為我工作關係，後來我走了不只一次，底下僅計算第一次走的經驗。

分段航海環球（八段，海上共 130 天）

2005年　歐洲首都全覽　哥本哈根—羅馬　荷美威士特丹號
航程15天/全程19天

2006年　巴拿馬運河航段　溫哥華—羅德岱堡　荷美如德丹號
航程22天/全程24天

2007年　亞洲全覽　北京（天津）—曼谷（經新加坡）　公主藍寶石公主號
航程19 天/全程20天

2014年　歐洲藝術之旅　威尼斯—巴塞隆納（經羅馬）　公主帝王公主號
航程8天/全程11天

2016年　蘇伊士運河航段　杜拜—威尼斯　皇家加勒比海洋榮光號
航程17天/全程21天

2016年　北太平洋航段　溫哥華—橫濱　荷美華倫丹號
航程15天/全程22天

2017年　印度洋航段　新加坡—阿布達比（經杜拜）　精緻星座號
航程15天/全程18天

2017年　北大西洋航段　哥本哈根—羅德岱堡
預計航程19天/全程24天　（2017年夏即將啟航）

附錄：
如何訂到便宜的郵輪票？

印度洋航線精緻郵輪星座號船影。

怎樣買到比青年旅館還便宜的郵輪票價？

我的嗜好之一，就是逛全球的郵輪網站，常常看到一些便宜到如果不分享會覺得難過的特價。且讓我舉我在個人臉書粉絲團裡面分享過的幾個案例：

★ 2017 年 1 月，看到 3 月歌詩達皇冠號（Costa Diadema）西地中海八天七夜，從羅馬上下船，船票含稅金 449/ 人【相當每人每天台幣 1,712 元左右】因為歌詩達有兒童優待，若兩個大人帶兩個小孩去，同住一艙，四人船票含稅金 USD 1,345【相當每人每天台幣 1,282 元】

★ 2017 年 3 月，看到 2018 年嘉年華勝利號（Carnival Victory）西加勒比海五天四夜，從邁阿密上下船，走西礁島和墨西哥科茲美。內艙每人船票 USD 179+ 稅金 USD 102＝ USD 281【相當每人每天台幣 1,714 元】

★ 2017 年 3 月，看到 4 月挪威之光號（Norwegian Dawn），加勒比海 12 天 11 夜，從紐奧良上船、經墨西哥、宏都拉斯、哥倫比亞、波多黎各、英屬維京群島的五個港口、到波士頓下船。內艙每人船票 USD 579+ 稅金 USD 179＝USD 758【相當每人每天台幣 1,990 元】

★ 2016 年 11 月，看到 12 月的 14 天 13 夜荷美諾丹號（Holland America Noordam）紐澳郵輪，奧克蘭上船，中間有包含紐西蘭南北島，澳洲塔斯馬尼亞、墨爾本的九個停點，最後在雪梨下船，內艙每人船票 USD 599+ 稅金 USD 394＝USD 993【相當每人每天台幣 2,163 元】

基本上會這麼便宜，有兩種情況，一是至少一年半以前的早鳥（early bird）優惠，一是最後一分鐘（last minute）優惠。而又以後者「最後一分鐘優惠」，撿便宜機率更高，因為越靠近出發日，如果還有船位空著，船公司的壓力會越大。

我通常在出發前 75-90 天之間上網查看，因為此時正值很多船公司的取消規定（cancellation policy）中，可以免費取消的最後期限（各家船公司規定不一，

可上官網查詢。例如公主郵輪七晚航程是出發前 64 天，水晶郵輪則是 120 天前）。郵輪取消規定本來就嚴格，越靠近出發罰則越重。很多船公司是設在出發前 75 天前可免費取消，進入 75 天會要求旅客全額付款，若沒有付款，船位會被釋出。此時船公司也常會開始降價促銷（有些銷售不佳的船，甚至半年前就開始降價）。

常見的方式是推出不能挑選艙房的保證「Guarantee (GTY)」船艙，代表該艙等接近完售，船公司在清艙特賣了。這種 GTY 艙房有機會撿便宜，但也遇過熱門航線最後不降價反漲價的情形。但 GTY 船艙缺點就是無法確定會不會剛好住在船尾，或是房間正好位在舞廳下方。但在非常少數的情況下，如果該種房型剛好客滿，船公司可能也會免費幫客人升等，例如我在 2017 年的印度洋航段幫同行朋友搶訂最後一分鐘保證船艙，當時都僅付 1,059 美金訂內艙，一訂位完成，系統就顯示內艙完全售罄。當時中間等級也全客滿，可能因為船公司重複收單，最後朋友竟被免費升等至每人要價四千多美金的禮賓級陽台艙，另有兩間也被升等到外艙，真是幸運之神眷顧。但這段時間只要一訂票，通常很快需全額付款，越靠近出發期，取消需付越高額費用，甚至是沒收全額。

如果看到這些促銷，也不應該拿最後一分鐘的、少數幾間無法選擇房間與取消的特價，去與旅行社的團體價格相比較，因為可能他們是在一年前，就用正常價格付費保留艙房。早訂者享有可取消、有更多選擇的權利，如果訂位者看到更合意的方案，一般船公司在付尾款前也容許更改，但若在船公司規定的罰則期間內，就有罰款產生。並且專業本就有價，安排旅遊、包含機票、旅遊、領隊司機導遊服務、簽證代辦的完整配套服務，當然應有合理的利潤。如果硬要將不同權利的艙房，加上不同服務來相比，這樣對兢兢業業的旅遊從業人員，非常不公平。

而從供需的角度看，美國人最愛的度假勝地加勒比海地區，以及歐洲人最愛的地中海，尤其是西地中海地區，是最容易撿到超低價郵輪船票的。而因為北美是全球郵輪客主力市場，北美感恩節過後的「黑色星期五購物節（Black Friday Sales）」，也是個訂票好時機，我曾在那時收到多家郵輪網站特價電子報，當時看到荷美的印尼 14 天跳島航程，最後一分鐘價只賣 799 美金（未稅），還有去到我最愛的科莫多島。我 2015 年曾帶全家去印尼各島自助旅行，沿途努力住經

濟型民宿節省開銷，但算一算若搭郵輪去，竟然還會更便宜。

我甚至常半開玩笑半認真地，跟我社區大學環球班學生建議，如果你自認適應性佳又想撿到超低價好康，可以來段「郵輪盲旅」，看到機票低價促銷時，不妨先把機票開好。台灣近年常常出現含稅 1.7 萬以內的歐洲機票，或者是 2.5 萬以內的邁阿密船票超特價短期促銷。時間選擇春秋兩季，避開暑假，預留長一點的時間，例如兩週以上，安排飛到佛羅里達邁阿密（或羅德岱堡），或是歐洲常見的郵輪出發港，如羅馬、巴塞隆納、威尼斯等。

訂好機票後，事先不准上網看郵輪，一定要忍耐到出發前一兩個月再上網看，保證撿到超便宜的郵輪船票。而歐洲其實一天 3,000 台幣以內（100 美金內），我已覺得合理能入手了，常看到更低價。而加勒比海更是船艦奇多，一天往往五六艘郵輪同時出發，當中不乏世界知名好船，我一年四季幾乎都可看到 last minute 出現每人一天均價 40-50 美金的超低價船票，簡直比住青年旅館還便宜。

帶小孩免費的郵輪

通常這個免費，是指若與兩位付費的大人住同艙，船票免費，但小孩仍要付附加費、稅金與小費。常提供小孩免費優惠的船公司有MSC（12 歲以下）、歌詩達（18 歲以下）、P&O、皇家加勒比、挪威郵輪……也都會不定期的提供部分航次小孩免費優惠，詳情請上各船公司官網查詢確認。

其實帶小孩或長輩出遊不必跑太遠，近程的日韓郵輪、不用搭飛機，可能還更適合。重點是能有充足的全家相聚時光，也不宜玩得太緊繃，無憂無慮的航海生活，最適合親子共享了。

歌詩達郵輪 18 歲以下小孩和父母同住免船費的優惠，曾經幫我省很大。

這麼便宜，會不會有什麼隱形的費用？

一張船票通常有以下費用結構：1. 船票本身（fare） 2. 附加費（NCCF） 3. 稅金（taxes） 4. 郵輪小費（tips）每日 10-15 美元。

以我 2016 年去搭乘的荷美航運華倫丹號北太平洋 15 天航程來看，當初的票價內艙是 699 美金，已經內含船票與附加費，再外加上稅金 247 美金，購票時需付 946 美金 / 人。平均一天船票花費僅 63 美金，剛好一天台幣兩千以內。

不過記得還要加上船上郵輪小費，每天 13 美金，所以最後算出來每天花費約台幣 2,320 元。

有的國際網站乍看非常便宜，其實只列出船票本身，必須點進付款介面，加上附加費用、稅金，並考慮小費，才是最準確的船票價格。

付了這四項費用之後，郵輪上大部分的服務餐食都是可免費盡情享用的。但船票如此便宜，船公司也會想辦法從一些自選服務中賺回來，例如岸上觀光、酒精飲料、付費按摩、主題餐廳體驗費、上網、照片服務。當然我也遇過很有自制力的朋友，可能額外一毛錢都不花。但我的郵輪帳單每次都會有一些消費，扣掉小費也許多個數千元不等，但都是我花得心甘情願的項目，如買禮物給家人、買照片、體驗主題餐廳等。

至於靠岸的岸上觀光，半日遊從 35-55 美金不等，一日遊含餐則可能 85-120 美金，端看參加了什麼內容，有時價格真的頗高，因為船公司也不是慈善組織。如果不知道哪個好，也可以上 CruiseCritic.com、CruisePage.com 這些網站去看評論。基本上落後、港口離市區較遠或資訊不足的地區我會事先安排，或是參加船上岸上觀光，至少確保能把我準時送回船。若是成熟的旅遊城市或相對安全地點，如歐洲和北美，我會做足功課，嘗試自由行，或只購買船上銷售的低價交通接駁方案──其實很多港口，船上也有提供免費接駁車到市區，只是有的船不會太早宣布。只要到了市區就簡單了，有地鐵等大眾交通工具，或是 hop-on hop-off 觀

光巴士可運用。基本上東北亞與東南亞我都不會參加船上岸上觀光，沒必要跟著一車老外看我們熟悉的亞洲，好像在「陪公子讀書」。

我有時會自己訂當地的行程，因為我有旅遊產品人員背景，通常都可以照我意願安排得物超所值。但如果是一般旅行者，也可以事先從網路搜尋是否有當地既有的一日遊團體，可報名參加，或是甚至很多港口，一靠岸就有一些攬客的團體，當然，一定、一定要注意安全與回船時間。

該如何訂船票，上網訂嗎？還是找旅行社？

因為郵輪絕大多數乘客是來自美加、其次是歐洲。我通常會上幾個大型的美國網站，先搜尋特價。如 Expedia.com 美國版郵輪站、iCruise.com、CruiseDirect.com、Cruise-Compare.com、Vacationstogo.com 等。等到找到特價時，我會再到船公司官網看看價格是否相同，通常售價會一樣，但也有時因為地區行銷策略不同，有價差的情況。如果官網有這個價錢，而且是台灣旅行社有代理的船公司，幾乎世界上絕大多數知名的重要郵輪品牌，如公主、荷美、嘉年華、皇家加勒比、精緻郵輪、MSC、歌詩達、挪威、麗星、銀海、璽寶、水晶、冠達、Windstar……等，台灣其實都訂得到。如果是這些知名的船公司，我都會透過台灣預訂，而且價格通常跟官網同步。

為什麼我不直接在這些國際網站上訂呢？雖然每週都在逛這些網站，但我只把它當作是搜尋引擎，我個人一次都沒有在上面訂過。主要原因，用我的比喻來說就是：「巷子口的便利商店就有賣，售後服務很完善，還不一定比較貴，為什麼要上網到國外買？」而台灣的郵輪產業早就行之有年，蓬勃發展，很多船公司都有代理或分公司在台灣，熟悉並經營郵輪的旅行社很多也很專業，訂位系統一查，剩幾間船艙與價格都一清二楚，價錢與官網同步，何必捨近求遠？

還有一個重要考量，是溝通的時間與成本，郵輪旅遊並非僅是船票，其實還要確認後續事宜。我曾發生過訂票後要更名、有人要提早下船（一定需事先跟船公司

申請）、不同時期訂票的人要安排一起用餐、online check-in 有問題等種種狀況。如果是跟北美網站訂，只能寫 e-mail 或打美國的客服電話處理，他們也不會清楚台灣旅客需要何簽證，溝通起來較不方便。

加上有些北美網站乍看便宜一點（有時還沒計入稅金），但有的非美加居民卻需額外加價、很多特價僅是北美居民限定、也有些郵輪甚至指定不能對非北美地區居民銷售、有些網站需要先輸入美國地址或美國身分註冊……種種原因都讓我卻步。

如果你還是喜歡上美國網站去買，當然也很好。不過和旅行社建立關係，尤其是某些專門負責郵輪的產品的旅行社，以及熟悉郵輪的業務人員，有很多好處。他們可以幫你訂船票、取得較便宜的機票、訂住宿、代送簽證、提供刷卡分期、或付現金、並在關鍵時刻提供協助。並且可能會告訴你一些實用資訊，例如某個月份是雨季，某航次去剛好可遇到嘉年華……諸如此類的情報。

但旅行社的主力產品是全包式的郵輪團體。協助少數不熟悉郵輪，甚至語言不佳的旅客去自由行，通常是件極吃力不討好，且利潤很低的工作。

我有位任職旅行社業務的朋友，曾經花了非常多時間，幫一對夫妻安排歐洲船票機票與接送住宿，客人好不容易順利出發。沒想到後來某天在半夜，竟還接到兩夫妻打來的求助電話，原來兩人在國外搭錯車走散了。這絕對不是她的工作，不過後來這位善良又美麗的業務美眉還是非常熱心，趕緊居中聯絡，幫他們化解了危機。也有一次是跟我同行的朋友扭傷了腳，我打回台灣跟旅行社人員說明後，之後的回程每一段搭機，在機場都已有人準備好輪椅迎接。我也曾聽聞有一群銀髮族自行上北美郵輪網站訂票，結伴去歐洲搭郵輪，結果出發在轉機時，有人身體出狀況倒下，一群人在異鄉無人可求助的窘況。所以，有了旅行社專業人員的服務，還是有差的。

一定要對旅行社的業務人員好一點，他們真的很辛苦，如果身分交換，你可能還未必會願意這麼做。還有，如果決定要自由行，「做功課」當然是自己的事情。

如果沒把握或沒時間，請果斷地跟團去玩郵輪。

只有很少數情況，我會考慮在這些國際郵輪網站上訂，或是直接上船公司的官網去訂，那就是台灣沒有代理的船，如迪士尼郵輪等。或是已經出發人在國外，希望在國外臨時加入一段郵輪之旅。例如我常常建議正在外面環球自助旅行的社大學生，可以考慮跨大西洋或跨太平洋的船票，這些跨洋的船票在特價時，有時候只要 400-700 美金，幾乎跟買張機票差不多，但這樣跨洋移動方式酷多了，還包含十天左右的食宿費用呢！甚至知名的瑪莉皇后二號（QM2）跨大西洋航段，也常看到特價促銷。或是偶爾對自己好一點，旅行到邁阿密時，買張加勒比海特價船票，上船享受一番，這時候上國際郵輪網站訂船票最方便。

如何選擇適合的船

基本上看完整本書，希望你對如何選擇適合自己的航線與船，已經有概念與想法。因為我小資的背景，我的考慮優先順序通常是：1. 選航線 → 2. 選價格 → 3. 選船 → 4. 選房型。你的順序可能剛好跟我相反，但我的順序也可能會變，如果哪天我看到世界名船有好價格，身為超級船迷的我，也會躍躍欲試。

旅行的季節很重要，有的常態地區航程，是很長一段時間內，每週都有同樣的航程，如地中海、加勒比海、阿拉斯加、中東……當我不確定何時去，才能平衡價格與天候條件時，我通常會選擇旺季和淡季的交界點「平季（shoulder season）」去搭郵輪，此時價格不會太貴，也不會遇到太過擁擠的人潮，或是極端氣候。只需上網搜尋「shoulder season + 想去地點」，通常就會有答案。

該選哪家船公司好呢？目前全世界有三大郵輪集團：

1. 嘉午華集團（Carnival Corp.）（市佔率約 49%）：有嘉午華、公主、荷美、璽寶、冠達、愛達、歌詩達、P&O、澳洲 P&O、伊比羅、Fathom 等品牌。
2. 皇家加勒比集團（Royal Caribbean Cruises Ltd.）（市佔率約 17%）：有皇家

加勒比國際郵輪、精緻郵輪、精鑽俱樂部郵輪、普爾曼郵輪、CDF（Croisières de France）、途易郵輪等品牌。

3. 麗星郵輪集團（Star Cruises）：雲頂香港有限公司旗下有麗星郵輪、星夢郵輪、近來並收購了水晶郵輪。

而原本在麗星底下的挪威郵輪，現與大洋郵輪、麗晶七海郵輪是同一個集團。

另外還有銀海、地中海 MSC、迪士尼……等眾多船公司。基本上這個主題要詳細介紹，幾乎可以另外獨立寫一本書。如果對郵輪的知識有興趣，有一個叫「Google」的好朋友，總是很樂意為您解答。

也可以參考郵輪界的天書：《貝里茲郵輪年鑑》（Berlitz Cruising & Cruise Ships），在亞馬遜書店上可買到，這本獨立出版的書不屬於任何船公司，作者 Douglas Ward 已經在海上生活超過 6,100 天，搭過至少 1,080 趟郵輪，而每年更新的這本書已經出版到第 32 年（以上皆統計到 2017 年）。

另外 Fodor's Travel 出版的系列郵輪指南，如《European Cruise Port of Call》、《Caribbean Cruise Port of Call》指南，都有詳盡的資料。也可以上網 CruiseDiva.com，這是 Fodor's 郵輪指南作者與自由撰稿者琳達‧科夫曼的網站，提供很多郵輪資訊，和優質郵輪旅遊文章。我偶爾也會關注《Travel + Leisure》與《Condé Nast Traveler》旅遊雜誌每年的評選郵輪排行。船的評價我主要還會參考 CruiseCritic.com 網站。上面有各艘船（1-5 星）、岸上觀光行程的介紹與評價。網站上每年還會由網友票選最適合親子搭乘、最佳餐飲、最佳娛樂、最佳服務……的郵輪。

怎麼判定船的等級？若依《貝里茲郵輪年鑑》的標準，新船、大船未必會被評在較高等級。多數台灣人常搭並較受歡迎的船，多數是落在 4 星左右。4 星船聽起來好像不夠好，但我的經驗，通常 4 星的船已能讓一般搭乘者，有很滿意的體驗。4 星＋的船，感受就絕對是媲美陸地上五星級的服務了，就連世界造價最高、公認奢華代表的冠達郵輪的瑪莉皇后二號郵輪，也才名列在 4 星＋這個等級。而 5

星以上的船艦，通常都是較小型的船隻，換算空間比（噸數／乘客人數）和服務比（乘客／服務人員），這兩個郵輪評比指標結果更優、提供更精緻的餐飲與服務。但不一定等級高就一定適合自己，就像米其林餐飲或精品旅館，也不見得每個人都喜歡且受用。這些 5 星船的主力客群通常是見多識廣的企業家，不喜歡太喧鬧活動，並期待有頂級的服務與世界級名廚餐飲，甚至專屬管家等。搭這樣的船，乘客也需要有一定的素養與品味。但若是年輕人，花大把銀子上這樣的船，說不定感覺悶透了，可能去一些大型的郵輪，活動多又熱鬧有趣，還有大場面的表演秀，還更適合。

根據 2017 年《貝里茲郵輪年鑑》，目前全球「4 星 +」的船有 34 艘。「5 星」的船有 11 艘。「5 星 +」的船只有兩艘。其中，4 星 + 的船很多是小型或中型郵輪，較知名的，如銀海有三艘、麗晶七海有三艘、大洋兩艘（Marina、Riviera），還有維京郵輪、星風郵輪、飛鳥二號、受頂級華人客群喜愛的水晶也有兩艘中型郵輪（Symphony、Serenity）都被選入 4 星 +。

如果你還是喜歡大船的熱鬧與設施，又想兼顧品質，4 星 + 這等級也有許多九萬噸以上大型郵輪可以選擇。例如最英式風格的冠達郵輪，底下三艘豪華名船（Queen Victoria、Queen Elizabeth、Queen Mary 2），其中包含 14.9 萬噸的 QM2 瑪莉皇后二號。值得注意的是，精緻郵輪有四艘 12 萬噸的郵輪（Eclipse、Equinox、Reflection、Silhouette）；地中海郵輪 MSC 的兩艘 14 萬噸郵輪（Divina、Preziosa）也名列 4 星 + 這個等級。

名列 5 星的船則都是較小的船，如 Sea Cloud Cruises 有兩艘、SeaDream Yacht Club 有兩艘、Hapag-Lloyd Expedition Cruises 有一艘船，都不到一萬噸，實際上比較接近遊艇。而國人較有可能去搭乘的 5 星船艦，大概是銀海的三艘船（Silver Shadow、Silver Whisper、Silver Spirit）和璽寶（Seabourn）的三艘船（Odyssey、Quest、Sojourn），這些 5 星船噸位都在三萬噸上下。

再更高一級，還有 5 星 + 的船，目前全世界只有兩艘船名列 5 星 +，那是來自德國的赫伯羅德郵輪公司（Hapag-Lloyd Cruises）旗下的的 2.9 萬噸 Europa 和 4.3

萬噸 Europa II，主要營運德國市場，船上全是德國乘客，這兩艘船被貝里茲如此高度肯定，真期待有機會一揭其神祕面紗。

有單人房的郵輪

目前較知名的郵輪提供單人船艙，且數量較多的有：挪威郵輪的 Epic（128 間）、Escape（82 間）、Getaway（59 間）、Breakaway（59 間）；皇家加勒比的 Anthem（34 間）、Ovation（34 間）、Quantum（34 間）、Harmony（15 間）；P&O 的 Azura（18 間）、Ventura（18 間）；荷美的 Koningsdam（12 間）等。

如果想知道某艘郵輪被貝里茲評為幾星，或是有沒有單人船艙，也可至這個網址查詢：http://www.cruise.co.uk/berlitz-guides/

catch 230

航 海 環 球 夢

DON'T CRUISE ALONE

作者：陳美筑
責任編輯：張雅涵
封面設計：林育鋒
內頁排版：許慈力
校對：呂佳真

出版 —— 大塊文化出版股份有限公司
　　　　台北市105022南京東路四段25號11樓
　　　　www.locuspublishing.com
　　　　讀者服務專線：0800-006689
　　　　TEL：(02)87123898
　　　　FAX：(02)87123897
　　　　郵撥帳號：18955675
　　　　戶名：大塊文化出版股份有限公司
　　　　e-mail:locus@locuspublishing.com
　　　　法律顧問：董安丹律師、顧慕堯律師
　　　　版權所有　翻印必究

總經銷 —— 大和書報圖書股份有限公司
　　　　地址：新北市新莊區五工五路2號
　　　　TEL：(02) 89902588
　　　　FAX：(02) 22901658

初版一刷：2017年6月
初版三刷：2022年10月
定價：新台幣400元

ISBN 978-986-213-795-6
Printed in Taiwan

航海環球夢 / 陳美筑著
——初版·——臺北市：大塊文化, 2017.06
242面 ; 17*23公分·——(Catch ; 230)
ISBN 978-986-213-795-6(平裝)
1.郵輪旅行 2.世界地理
719　　　　106006828

LOCUS

LOCUS